# Amor conjugal e terapia de casal

Dados Internacionais de Catalogação na Publicação (CIP)
Câmara Brasileira do Livro, SP, Brasil

Benedito, Vanda Lucia Di Yorio
Amor conjugal e terapia de casal: uma abordagem arquetípica / Vanda Lucia Di Yorio Benedito. - São Paulo : Summus, 1996.

Bibliografia.
ISBN 978-85-323-0551-0

1. Amor  2. Casais - Aspectos psicológicos  3. Casamento  4. Jung, Carl Gustav, 1875-1961  5. Psicoterapia de casal  I. Título.

96-4931                                                    CDD-658.45

Índices para catálogo sistemático:
1. Casal: Psicoterapia: Medicina    616.89156
2. Psicoterapia de casal: Medicina  616.89156

www.summus.com.br

Compre em lugar de fotocopiar.
Cada real que você dá por um livro recompensa seus autores
e os convida a produzir mais sobre o tema;
incentiva seus editores a encomendar, traduzir e publicar
outras obras sobre o assunto;
e paga aos livreiros por estocar e levar até você livros
para a sua informação e o seu entretenimento.
Cada real que você dá pela fotocópia não autorizada de um livro
financia o crime
e ajuda a matar a produção intelectual de seu país.

# Amor conjugal e terapia de casal
## Uma abordagem arquetípica

Vanda Di Yorio

summus editorial

*AMOR CONJUGAL E TERAPIA DE CASAL*
*Uma abordagem arquetípica*
Copyright © 1995 by Vanda Di Yorio
Direitos desta edição reservados por Summus Editorial

Capa: **Carlo Zuffellato/Paulo Humberto Almeida**

## Summus Editorial

Departamento editorial:
Rua Itapicuru, 613 – 7º andar
05006-000 – São Paulo – SP
Fone: (11) 3872-3322
Fax: (11) 3872-7476
http://www.summus.com.br
e-mail: summus@summus.com.br

Atendimento ao consumidor:
Summus Editorial
Fone: (11) 3865-9890

Vendas por atacado:
Fone: (11) 3873-8638
Fax: (11) 3873-7085
e-mail: vendas@summus.com.br

Impresso no Brasil

# SUMÁRIO

Agradecimentos ....................................................... 8

Apresentação ......................................................... 9

**I   Introdução** ......................................................... 13

**II   Paixão: constelação de uma situação arquetípica** .......... 15

A dinâmica arquetípica na escolha do parceiro ........... 15
As fantasias ......................................................... 16
Os arquétipos: sombra, *anima* e *animus* .................... 18
Mecanismo de projeção: movimento criativo e defensivo
da psique ............................................................ 21

**III   A complementaridade narcisista na dinâmica conjugal: da
idealização à desilusão** ....................................... 27

A arte de fazer armadilhas ..................................... 27
**O desenvolvimento infantil como base do relacionamento
amoroso** ............................................................ 29
Desordem narcisista: na escolha do parceiro e na manu-
tenção da relação ................................................. 31
CASO A — Marcos e Paula ..................................... 33
Desordem narcisista: a idealização e a perda do parceiro
idealizado ........................................................... 35
CASO B — Vera .................................................... 36
CASO C — Beatriz e Luiz ....................................... 38

**IV   A teoria dos complexos no campo da conjugalidade** ..... 43

Definição de complexo ........................................... 43
Aplicação da teoria dos complexos no diagnóstico do vínculo conjugal e na abordagem do casal ..................... 45

A função inferior como um complexo sadio da psique na complementaridade conjugal ................................. 47
CASO D — José e Amanda ................................. 49

**V   O desenvolvimento da *anima* e do *animus*** ................ 53

A fusão dos complexos no desenvolvimento e na patologia 53
Dinamismo masculino e feminino......................... 55
CASO E — Paulo e Ada ................................. 58

**VI   A vivência simbiótica na dinâmica conjugal: das armadilhas às torturas** ................................. 71

O conceito de participação mística e a identidade arcaica entre os parceiros....................................... 71
CASO F — Pedro e Anita................................. 75
A raiva e a inveja na conjugalidade....................... 78
CASO G — João e Maria................................. 79
Algumas características de uma relação simbiótica ..... 84

**VII   Casamento e individuação** ................................. 87

Sacrifício e libertação..................................... 87
CASO H — Carlos e Helena ................................. 90
Níveis de representação simbólico-arquetípica do casamento ................................................ 95

**VIII   O procedimento** ................................................ 99

O símbolo e o sistema compensatório da psique ........ 99
Abordagem dos complexos na terapia de casal ......... 101
Alguns dados técnicos..................................... 103

**IX   Conclusão** ......................................................... 109

**Referências bibliográficas** ................................. 115

*Dedico este trabalho, em primeiro lugar, ao Ademir, com quem a vida me premiou, encontrando-o num único momento de nossas vidas. A intersecção do tempo e espaço, alguns segundos, dentro de alguns metros, permitiu um encontro que certamente jamais se repetiria. Desse encontro vieram muitas coisas boas e dentre estas meus filhos Henrique, Flávio e Breno, aos quais também dedico este trabalho.*

# AGRADECIMENTOS

Meus agradecimentos a todos aqueles que, de forma direta ou indireta, estiveram envolvidos e contribuíram na elaboração deste trabalho.

# APRESENTAÇÃO

Este é um livro há muito tempo devido e necessário, pois o estudo da dinâmica conjugal, do ponto de vista analítico, torna-se cada vez mais urgente diante das profundas modificações que a família e os relacionamentos em geral vêm sofrendo neste final de século. Uma pesquisa estatística, certamente, revelaria que uma grande porcentagem dos pacientes adultos que procuram consultórios psicológicos são levados por intenso sofrimento, atribuído a rompimentos ou conflitos na área amorosa. O paciente, inconsciente das projeções colocadas sobre o parceiro, faz com que esses conflitos assumam proporções dramáticas, por vezes acarretando tragédias, evitáveis por meio do auto-conhecimento.

Nesta leitura percebemos que se a procura homem/mulher é arquetípica e, portanto, parte da constituição humana, os conflitos que aí se estabelecem também o são. Assim vemos como o homem e a mulher, enredados pelos complexos herdados e/ou adquiridos, procuram resolver suas neuroses na relação conjugal. Pensando ser original, com freqüência, um casal apenas repete padrões antiqüíssimos, com frases e comportamentos que fazem parte da história da humanidade. As fantasias idealizadas, que visam uma reparação primária, como Vanda coloca tão bem, além do domínio que exercem, paralisam o indivíduo, aprisionando-o em relações destrutivas ou impedindo-o de solucionar no presente diferenças até banais. Aprisionados em emoções aparentemente sem sentido, o homem e a mulher tentam se libertar com pensamentos e atos racionais, que geralmente apenas intensificam o sofrimento. Vanda desmistifica também os viciados em paixão: aqueles para os quais esta funciona como única força motora e o parceiro é apenas uma droga cambiável, sem a qual a vida não tem significado. Deste modo vai se evidenciando que, embora sejam inúmeros os tipos de casais, eles são finitos quando neuróticos. Só os relacionamentos saudáveis são criativos e imprevisíveis. Qualquer outro é padronizado e, ao revelar esses padrões, Vanda faz uma pesquisa completa. Com os exemplos que utiliza fica fácil, até para o leitor não especializado, reconhecer a dinâmica conjugal neurótica, com sua disputa narcísica e armadilhas decorrentes.

Sensível na suas observações e profunda nas reflexões, Vanda faz uso de sua formação psicodramática e analítica para compreender este fenômeno tão complexo e, ao mesmo tempo, fornece dados práticos de atuação psicoterápica, tanto para o clínico quanto para os casais que buscam melhorar sua convivência. Paulatinamente, o leitor vai sendo levado a discriminar os vários tipos de relacionamento de acordo com os complexos, tipos psicológicos e neuroses de cada parceiro, e a perceber a conjugalidade como um lugar possível para o desenvolvimento da consciência e continuidade do processo de individuação.

Portanto, este é um texto para ser lido no mínimo duas vezes. Na primeira, o estilo casual e leve, com os exemplos vívicos apresentados, faz com que cheguemos rapidamente ao fim, à procura de soluções para as situações antes descritas. Na segunda ou nas próximas, vamos com mais vagar, já numa atitude de estudo e reflexão, percebendo com que clareza o mistério do encontro amoroso é analisado, em uma pesquisa sem redutivismos facilitadores ou explicações simplistas.

Sem dúvida, este livro é para ser usado por estudantes e profissionais da área de saúde e educação que lidam com família e casais, assim como por leigos interessados no assunto ou que estejam passando por conflitos conjugais. Pois aqui temos uma contribuição teórica original e um manual psicoterápico valioso.

Denise Gimenez Ramos
São Paulo, 1995.

"Portanto, como é a teoria que dá o valor e o significado que os fatos têm, ela freqüentemente é muito útil, ainda que parcialmente falsa; pois ela projeta luz sobre fenômenos a que ninguém dava atenção, obriga a examinar sob vários aspectos fatos que ninguém estudara antes, e estimula pesquisas mais extensas e bem-sucedidas... é portanto dever moral do homem de ciência arriscar-se a cometer erros e sofrer críticas, para que a ciência avance sempre..."

Guillaume Ferrero. *Les lois psychologiques du symbolisme.*

I

# INTRODUÇÃO

Este trabalho é fruto de um longo caminho, que foi se delineando sutilmente na minha vida profissional, e passou a ter forma diante de um apelo interno, provocado pela intensidade emocional com que o filme "Eu sei que vou te amar", de Arnaldo Jabor, veio a me tocar. A profundidade psicológica contida nos diálogos dos protagonistas nos coloca dentro da dor que a vivência da conjugalidade pode trazer. Foi justamente o fascínio pela emoção contida nessa vivência, aliada ao desejo de compreender, no plano psicológico, as diferentes dinâmicas que os casais nos apresentam, que me levou a buscar em cada passagem desse filme os possíveis significados expressos nas sucessivas cenas de paixão, ilusão, decepção, raiva, inveja, humor, sarcasmo, desejo de encontro e desesperança no desencontro.

Assim, escrever sobre esse filme, há oito anos, foi uma forma de começar a me construir como terapeuta de casal. Assim, o conteúdo desse filme passou a ser um referencial potencialmente teórico a ser explorado.

Os instrumentos utilizados nesse caminho exploratório foram: o estudo da psicologia analítica de C. G. Jung e os recursos psicodramáticos que se mostraram compatíveis na prática clínica com casais.

No que se refere à psicologia analítica, buscou-se selecionar o maior número possível de referências teóricas que permitissem elaborar um pensar "junguiano" a respeito de diversas dinâmicas conjugais, e uma abordagem correspondente. Isso foi feito, na maior parte do trabalho, transcrevendo trechos da obra do autor, com o objetivo de recolher da fonte original aqueles elementos que podem ser considerados sólidos alicerces para a elaboração dessa construção. Outros autores também foram consultados com a finalidade de atualizar conceitos, possibilitando uma ampliação do raciocínio teórico-prático desenvolvido inicialmente por C. G. Jung.

Desta forma, foram utilizados os diversos conceitos da psicologia analítica como possíveis lentes através das quais fazer leituras teóricas sobre relacionamento conjugal, possibilitando também intervenções em vários níveis de conflito nessa área do relacionamento humano.

Fazendo jus ao histórico subjetivo desse trabalho, este se inicia com um diálogo entre os protagonistas do filme "Eu sei que vou te amar", a partir do qual vários conceitos são discutidos em função dos diferentes momentos de um relacionamento conjugal e das dinâmicas psicológicas a eles relacionadas.

O trabalho prossegue utilizando ainda outras passagens significativas da obra já citada, buscando não somente uma compreensão simbólica da vivência da conjugalidade em seus vários aspectos, mas trazendo também casos clínicos para dar ao estudo da psicologia analítica sobre casais uma dimensão, que vai além de uma concepção fenomenológica-existencial, mas podendo instrumentar nossa prática clínica.

Os casos clínicos apresentados tiveram seus nomes e alguns dados sem relevância alterados, para proteger a identificação dos indivíduos que nos permitiram que os mesmos fossem publicados.

## II

# PAIXÃO: CONSTELAÇÃO DE UMA SITUAÇÃO ARQUETÍPICA

### A DINÂMICA ARQUETÍPICA NA ESCOLHA DO PARCEIRO

Assim que ele a viu, apaixonou-se. Ele diz a ela, recordando: "A primeira vez que eu te vi, você nem sabe. Foi numa festa. Antes de te ver, vi seus cabelos, você virou o rosto. Você não me viu. Aí eu não vi mais ninguém. Parecia que eu via num segundo tudo que nós íamos viver no futuro. Sensação de que eu me lembrava de tudo que ia nos acontecer. O que uma mulher tem que as outras não têm?".

Ela, recordando para ele: "Quem é esse homem tão lindo, andando, sorrindo, que vem na minha direção como se já me conhecesse? Mas ele não me conhece, eu não o conheço. No entanto é alguém que eu já vi, quando eu pensava que eu queria ver alguém, que eu não conhecesse, que fosse tão lindo quanto ele, que vem andando na minha direção, me olhando, andando e sorrindo como se já me conhecesse" (diálogo dos protagonistas do filme "Eu sei que vou te amar", de Arnaldo Jabor).

Esse diálogo revela que ele tinha dentro dele uma imagem de mulher que seria capaz de realizar todos os seus sonhos. Essa imagem, que existia sob a forma de fantasias, projeta-se na pessoa de uma mulher, preenchendo-a como a uma tela em branco, onde ele vê uma correspondência perfeita e única para realizar seus sonhos.

O mesmo ocorre com ela em relação a ele. Dentro dela já existia uma imagem de homem que, se encontrado, seria visto também como a tela em branco disposto a preencher todos os seus anseios. A partir desse pseudo-encontro, cria uma certeza em bases fantasiosas, de que aquele homem "que ela conhecia" é o mesmo que acabou de conhecer. As expectativas envolvidas nessas fantasias, aliadas a essa certeza, dão a ela a falsa garantia de um sonho sem fim.

Essa interpretação psicológica de uma forma de escolha amorosa apaixonada aponta, dentre outras, uma direção que poderá auxiliar terapeutas de casal a penetrar nas complexas áreas secretas vividas entre um homem e uma mulher que se propõem a viver juntos, compartilhando projetos de várias ordens. Seria possível partir de outros pontos. Iremos privilegiar uma forma de expressão psíquica, que é o fantasiar.

## AS FANTASIAS

O estudo dessa importante função psíquica permite-nos iniciar a fundamentação teórica deste trabalho, usando o pensamento de Jung, ainda nos primórdios da psicologia analítica.

Jung desenvolve a idéia de que a fantasia é uma forma de pensar não dirigida pela função superior da consciência e que tem, na origem de sua formação, elementos que constituem o arcabouço da psique (13).

Fantasiar não é privilégio das crianças ou dos povos primitivos, assim considerados pelo homem moderno. Todos nós sabemos como o comportamento infantil está intimamente ligado ao seu mundo inconsciente, dominado por personagens mitológicos, com os quais a criança se identifica e até incorpora suas características mais marcantes, o que a auxilia na formação de sua identidade e na exploração das diversas formas de estar no mundo. Com o desenvolvimento, gradualmente, essa forma de elaborar idéias, imagens e pensamentos vai dando lugar a uma forma de pensar mais dirigida, e a criança vai adequando sua conduta a referências mais objetivas, freqüentemente relacionadas ao plano da realidade externa, como, por exemplo: noções de tempo, espaço, limites, ordens etc. Manifestações desse mundo arcaico continuam presentes no adulto, expressas nos sonhos, obras de arte etc.

Jung escreveu:

"Pelo pensamento-fantasia se faz a ligação do pensamento dirigido com as 'camadas' mais antigas do espírito humano, que há muito se encontram abaixo do limiar do consciente. As fantasias que ocupam diretamente o consciente são os sonhos acordados, fantasias diurnas, a que Freud, Flournoy, Pick e outros deram particular atenção. Depois vêm os sonhos, que inicialmente oferecem um aspecto enigmático ao consciente e só adquirem sentido através dos conteúdos inconscientes reconhecidos indiretamente. Finalmente, existem sistemas de fantasias por assim dizer totalmente inconscientes, num complexo separado, que apresentam tendência à constituição de uma personalidade à parte" (13).

Assim, Jung reconhece três tipos de fantasia, como expressão de diferentes funções psíquicas:

— as *fantasias inconscientes, oriundas do inconsciente coletivo*, que se traduzem através de símbolos ligados a temas mitológicos, arcaicos;

— as *fantasias inconscientes, oriundas do inconsciente pessoal*, que se traduzem através de símbolos ligados aos complexos inconscientes, formadas pelos mecanismos de repressão ou por elementos que, por qualquer motivo, não alcançaram a consciência. Segundo Byington, os elementos que se tornaram inconscientes pela repressão e que foram assim mantidos pelos mecanismos de defesa vêm a constituir o que ele denomina "sombra patológica", e os elementos inconscientes ainda por se atualizarem constituiriam a "sombra normal" na dinâmica psíquica. Mais adiante, neste trabalho, abordaremos tais dinamismos psíquicos a partir da perspectiva do relacionamento conjugal (5);

— as *fantasias conscientes*, síntese complexa dessas vivências, pessoais e coletivas, cujo acesso à consciência permite ao ego certa organização e direção. Essas fantasias são muitas vezes traduzidas pelos desejos, que, em suas expressões via ego, conduzem o indivíduo a materializá-los buscando situações que, imagina, irão satisfazê-lo.

Portanto, é importante estar atento às múltiplas possibilidades de interpretação que se encerram numa fantasia. É aconselhável não nos deixar enganar apenas por sua manifestação mais materializada, expressa em desejos imediatos, mas nos abrir para abordá-la dentro de uma multiplicidade de sentidos que podem nos apontar vários caminhos.

Com essa visão, podemos tentar desvendar alguns desses caminhos, partindo do diálogo citado. Este se refere ao primeiro grande momento do relacionamento amoroso, quando se inicia: o momento do encontro, da idealização do outro, da escolha apaixonada.

Nessa primeira fase do relacionamento amoroso, geralmente, o que está em jogo é: "quero ser feliz e o outro certamente vai me dar essa felicidade; e eu certamente sou tudo que o outro precisa para ser feliz".

Embora pareça simplista demais, essa colocação contém, secreta ou abertamente, desejos vividos por todos nós, pelo menos em algum momento de nossas vidas. Bom seria se assim fosse.

É natural fazer muitos planos nessa fase. Aqui, tudo parece mágico. As diferenças individuais não contam, as atitudes que desagradam não são relevantes. O que realmente importa é o desejo de um pelo outro. Essa fase é fundamental, pois facilita o encontro entre as pessoas e abre um campo fértil para vivências psicológicas profundas que, como poucas experiências humanas, a troca afetiva-emocional entre um homem e uma mulher possibilita. Ao longo deste trabalho vamos perceber como essa experiência acompanha o casal durante todo seu relacionamento, instalando e reinstalando um rio de emoções, em cujo leito vive um mundo arquetípico-simbólico capaz de arrastar as pessoas às profundezas de suas psiques, encaminhando-as para o bem ou para o mal em termos da solução pessoal de suas vidas. São os aspectos positivos e negativos da paixão.

## OS ARQUÉTIPOS: SOMBRA, *ANIMA* E *ANIMUS*

Que aspectos da psique estão relacionados com a paixão?

No plano inconsciente, o outro, geralmente, é o correspondente de uma imagem preexistente na psique, como uma peça de teatro já escrita, em que o personagem estivesse à espera do ator. Esse ator está investido da responsabilidade de recitar um texto cujo roteiro não foi escrito por ele, mas espera-se dele fidelidade absoluta ao script. O ator é, às vezes, apenas uma forma de representação psíquica de um personagem do mundo interno do outro.

O diálogo do filme "Eu sei que vou te amar" nos mostra que uma situação arquetípica foi constelada. A figura do homem engoliu a figura da mulher, e vice-versa; cada parceiro tomou o outro como uma representação de uma parte de sua psique. Jung deu aos arquétipos ativados nesse contexto o nome de *anima*, contraparte feminina inconsciente do homem, e de *animus*, contraparte masculina inconsciente da mulher. Aqui *animus* e *anima* se apaixonaram: eis a situação arquetípica constelada.

Jung escreveu: "Os conteúdos do inconsciente pessoal são aquisições da existência pessoal, ao passo que os conteúdos do inconsciente coletivo são *arquétipos* que existem sempre e *a priori.*" (...)"Empiricamente, os arquétipos que se caracterizam mais nitidamente são aqueles que mais freqüentemente e intensamente influenciam ou perturbam o eu". São eles a *sombra*, a *anima* e o *animus* (11).

Os conceitos de *anima* e *animus* são considerados, atualmente, bastante controvertidos. Vamos relacionar aqui alguns aspectos desses conceitos, que nos parecem coerentes e importantes para este trabalho.

Jung considerou que uma das formas com que o inconsciente se faz representar, quer seja via sonhos, fantasias, visões ou outros tipos de projeção, é através de personificações.

No caso da *anima*, por se tratar de um arquétipo específico do homem, seu fator subjacente possui todas as qualidades de um ser feminino, compensando a unilateralidade da consciência formada a partir de um padrão ego-masculino. O mesmo raciocínio se aplica ao *animus*, considerado como um arquétipo específico das mulheres. Citando Jung: "...do mesmo modo como o homem é compensado pelo feminino, assim também a mulher o é pelo masculino" (11). Aqui, nos deparamos com outro problema, que é a definição do que é ser homem e mulher, o que é masculino e o que é feminino. As referências utilizadas para essas conceituações têm sido parciais, culturalmente tendenciosas, o que tem levado pessoas de diferentes áreas a rediscuti-las. No campo da psicologia, esse tema vem sendo abordado de muitas formas, inclusive através do trabalho com Gender Group, que são grupos onde homens e mulheres discutem seus papéis, suas emoções e preocupações ligadas a esses papéis, como homens e mulheres.

A personalidade de um indivíduo se desenvolve tendo na sua base múltiplas construções, que levam a outras tantas construções. O construído é sempre um produto dessas multiplicações de vivências, e, ao mesmo tempo, um gerador de novas construções. Portanto, a construção do gênero masculino e feminino se faz a partir de um complexo conjunto de símbolos, que se constelam no campo relacional eu-mundo, que determinarão a construção de um ego masculino ou feminino. Essa construção tem uma base arquetípica, que está intimamente ligada à condição biológica do indivíduo, às vivências a ela condicionadas, assim como a uma série de identificações ao longo do desenvolvimento que serão responsáveis pelas ligações que o indivíduo estabelecerá com o mundo.

Continuando a citar Jung:

> "Em princípio, a ação da *anima* e do *animus* sobre o eu são idênticas. É difícil eliminá-las, primeiro porque são bastante poderosas e enchem a personalidade do sentimento inabalável de que ela está de posse da justiça e da verdade e, em segundo lugar, porque sua origem foi projetada e parece fundada consideravelmente em objetos e situações objetivas. Sinto-me propenso a atribuir as duas características dessa ação às qualidades do arquétipo em geral. De fato, o arquétipo existe *a priori*." (...) "Este fascina a consciência e a mantém hipnoticamente prisioneira" (11).

> "A autonomia do inconsciente coletivo se expressa na figura da *anima* e do *animus*. Eles personificam os seus conteúdos, os quais podem ser integrados à consciência depois de retirados da projeção. Neste sentido, constituem funções que transmitem conteúdos do inconsciente coletivo para a consciência. Aparecem os que se comportam como tais só na medida em que as tendências da consciência e do inconsciente não divergem em demasia. Mas se surge uma tensão, a função até então inofensiva se ergue, personificada, contra a consciência, comportando-se mais ou menos como uma cisão sistemática da perso-

nalidade ou como uma alma parcial. Mas esta comparação claudica a olhos vistos, porque nada daquilo que pertence à personalidade se acha separado dela. Pelo contrário: as duas formas constituem um acréscimo perturbador. A razão e a possibilidade de um tal comportamento residem no fato de que, embora os conteúdos da *anima* e do *animus* possam ser integrados, a própria *anima* e o próprio *animus* não o podem, porque são arquétipos, conseqüentemente, a pedra fundamental da totalidade psíquica que transcende as fronteiras da consciência jamais poderá constituir-se em objeto da consciência reflexa. As atuações da *anima* e do *animus* podem tornar-se conscientes, mas, em si, são fatores que transcendem o âmbito da consciência, escapando à observação direta e ao arbítrio do indivíduo. Por isso ficam autônomos, apesar da integração de seus conteúdos, razão pela qual não se deve perdê-los de vista" (11).

Para Jung, *anima* e *animus* são verdadeiros *psychopompos*, "...isto é, um intermediário entre a consciência e o inconsciente..." (11).

Segundo o autor, é extremamente difícil nos conscientizarmos das projeções do par *anima-animus*. "O *animus* e a *anima* constituem parte de um domínio especial da natureza, que defende sua inviolabilidade com o máximo de obstinação." O autor aponta para os esforços morais e intelectuais exigidos para desfazer essas projeções, chegando, inclusive, a questionar a validade da intromissão da psicologia nesse campo tão profundo da natureza psíquica (11).

Considera mais fácil o reconhecimento da *sombra*, outro arquétipo do inconsciente coletivo. Isso porque este guarda uma proximidade maior com o inconsciente pessoal, representando os aspectos obscuros da personalidade, ligados a problemas de ordem moral. Cabe ao ego, com esforço e humildade, se aperceber como portador de alguns traços de inferioridade e também reconhecê-los como geradores de condutas, as quais, em geral, no mínimo, nos constrangem. O abalo moral que o ego sofre com esse confronto é recompensado pela força que ganha com a integração de certos conteúdos da sombra à consciência.

Embora os conteúdos da sombra sejam mais acessíveis à consciência do que aqueles relacionados à *anima* e ao *animus*, constatamos sempre uma interferência dinâmica desses arquétipos no nível consciente. Segundo a visão de Jung, muitas vezes, a atuação deles chega a ser responsável pelo destino complicado com o qual nos deparamos. E o casamento pode ser um deles, chegando, até, a constituir um caminho trágico.

A escolha do parceiro, geralmente, envolve um complexo arsenal de motivações, ligadas a vivências emocionais muito íntimas e profundas, incluindo as já citadas, de difícil representação no nível da consciência. Misturam-se desejos de várias ordens, e quanto mais inconsciente o indivíduo estiver desses desejos, maior a possibilidade de tais conteúdos serem "fisgados" numa relação. Isso ocorre porque certas características observadas em alguém podem levar um outro indivíduo a estabelecer com ele uma relação inconsciente, que o leva a crer, de maneira errônea, que esse alguém é idêntico àquilo que nele é visto. Pode acontecer que a pessoa, ao fazer a escolha do parceiro, tome o outro, pelo menos parcialmente, como uma parte de sua própria personalidade, dissociada de sua consciência, e que então passa a fazer parte daquele outro, tornando-o verdadeiro hospedeiro de conteúdos psíquicos que não lhe pertencem. Esse mecanismo pode caracterizar uma projeção defensiva* dos conteúdos da *anima* e do *animus*. O indivíduo que não consegue tomar para si aquilo que constitui parte de seu mundo interno, fica perdido de si mesmo, buscando achar-se no outro.

## MECANISMO DE PROJEÇÃO:
## MOVIMENTO CRIATIVO E DEFENSIVO
## DA PSIQUE

As fantasias correspondentes ao parceiro idealizado desenvolvidas antes de uma relação podem ser reflexo de como as experiências pessoais se relacionaram com o mundo arquetípico e deram forma aos arquétipos da *anima* e do *animus*. Elas dirigem o indivíduo na busca de alguém que pode representar uma promessa reparatória de vivências passadas, que acabaram por impingir à personalidade uma cisão entre a emergência natural dos elementos inconscientes e sua representação na consciência. Trata-se aqui de uma forma de projeção defensiva da psique. Por outro lado, a escolha desse alguém pode representar um caminho criativo para o desenvolvimento mútuo das personalidades envolvidas. Isso se faz possível, principalmente, na relação com o sexo oposto, em que a projeção dos arquétipos *anima* e *animus* é inevitável e contundente, possibilitando a atualização dos conteúdos a eles relacionados e sua integração à consciência com a ajuda indispensável do outro, que, por um tempo, foi o portador dessas projeções. Mesmo quando nessa segunda situação, que pode

---

\* Os termos que se referem às dinâmicas psíquicas como defensivas e criativas foram cunhados por Carlos Byington, para descrever aqueles movimentos da psique em que os conteúdos inconscientes permanecem presos à sombra, dificultando o desenvolvimento da personalidade, ao favorecer a formação de complexos autônomos (defensivos); ou quando os conteúdos inconscientes abrem caminhos, levando o indivíduo a buscar saídas em favor do seu crescimento, na tentativa de integrar os aspectos inconscientes à consciência (criativos).

ser bastante gratificante para o casal e dar-lhe suporte para um crescimento mútuo, ainda assim, o trajeto a ser percorrido não se faz sem, pelo menos, alguns percalços.

Freqüentemente, as projeções exercem um certo domínio sobre a personalidade de quem as recebe, chegando a controlar sua conduta. Em vários momentos das sessões de terapia conjugal, temos acesso a esse controle de conduta exercido por meio de projeções mútuas, por um parceiro sobre o outro.

Exemplo desse controle pode ser demonstrado pela seguinte situação. A terapeuta fez uma pergunta de grande complexidade simbólica para Sandra, que não respondeu prontamente, trazendo seu corpo para frente do sofá, numa atitude reflexiva. Alex, imediatamente, começou a pressioná-la a falar, dizendo que ela não estava ligada na conversa, que estava no mundo da lua e que ele tinha certeza de que ela nem sabia o que havia sido perguntado. Discutiram sobre isso, e, de fato, quando ela tentou responder, estava visivelmente transtornada e já não se lembrava mais qual era a pergunta. O esquecimento de Sandra deu a Alex a prova do que ele dizia sobre ela. Ele só pôde entender o que de fato ocorreu nessa situação quando lhe foi perguntado se ele saberia reproduzir a pergunta que iniciara aquele conflito. Ele ficou perplexo quando se deu conta de que também não se lembrava. Ficara perturbado com aquela pergunta e, por não suportar a ansiedade causada pelo curto silêncio da esposa, teve um acesso de raiva que de fato a paralisou. Se não fosse a intervenção terapêutica, ele teria a falsa certeza de que ela não respondeu e nem responderia porque não estava interessada naquele assunto. Um detalhe importante foi a contratransferência da terapeuta, que também, por alguns instantes, não conseguia se lembrar da pergunta que havia formulado, envolvida que foi pela emocionalidade do casal. Passaram-se alguns minutos até que se conseguiu retomar a pergunta. Essa situação foi muito útil para o casal perceber como o nível de ansiedade os perturbava e que qualquer sinal era interpretado segundo parâmetros internos subjetivos. Essa forma projetiva de se relacionarem tinha uma eficácia sobre o comportamento do outro, levando-o a corresponder inconscientemente a essas projeções.

A força da imagem projetada deve ter sua origem na numinosidade do arquétipo, que, ao ser representado via projeção, tem efeito considerável na pessoa sobre quem a imagem incide. Nas relações conjugais, essa força pode provocar diferentes tipos de reações nos parceiros, dependendo da fase de relacionamento em que se encontram e dos símbolos constelados no construir da relação. Da fascinação, no momento da escolha do cônjuge, ao ódio, às vezes mortal, em momentos posteriores, os implicados nessa relação são sempre igualmente responsáveis pelo desenrolar do drama. Acabamos sendo traídos por aquilo que mora dentro de nós. Constata-se, inúmeras vezes, que o motivo pelo qual os parceiros se escolheram, serão mais tarde os mesmos que os levam a grandes desentendimentos. Evidencia-se com isso a responsabilidade psicológica de ambos os parceiros nos conflitos conjugais.

Jung escreveu:

"Um tal fascínio nunca parte exclusivamente de uma pessoa para a outra, mas é um fenômeno de relação, para o qual são necessárias duas pessoas, já que a pessoa fascinada precisa ter em si uma disposição correspondente. Mas a disposição tem que ser inconsciente, porque, se assim não for, não se produz o efeito fascinador. O fascínio é um fenômeno compulsivo, desprovido de motivação consciente, isto é, não é um processo volitivo, mas um fenômeno que surge do inconsciente e se impõe à consciência, compulsivamente." (10)

Temos nos referido ao mecanismo de projeção neste trabalho. Talvez pelo fato de ser um mecanismo bastante conhecido e utilizado freqüentemente por quem discute assuntos da área psicológica, não nos preocupamos até agora em conceituá-lo formalmente. Porém, nesse momento, isso se faz necessário para que tenhamos uma compreensão desse mecanismo sob duas perspectivas: a redutivista e a prospectiva.

A primeira nos aponta para um mecanismo defensivo da psique, e a segunda para um movimento que a psique faz em prol do seu próprio desenvolvimento. Pode ser que uma contenha a outra, mas aqui vamos tratá-las como dois movimentos antagônicos: um defensivo e outro criativo.

A projeção defensiva pode ser definida como um mecanismo inconsciente, em que elementos da sombra são colocados fora do indivíduo pela impossibilidade de reconhecê-los como uma parte de sua psicologia e para proteger o ego de qualquer aproximação com esse material, que ameaça sua integridade, vindo a constituir a sombra patológica.

Escolhemos a definição de projeção de Jolande Jacobi, em que ela nos apresenta uma visão prospectiva, a favor do desenvolvimento:

"Entendemos como 'projeção' a transferência inconsciente e automática de um conteúdo psíquico para fora e para o interior de um objeto com cuja propriedade esse conteúdo depois aparece. Tudo que é inconsciente dentro do homem é projetado por ele num objeto situado fora do seu 'eu'; por essa razão o processo de projeção faz parte da vida natural da psique ou simplesmente do homem". (8)

Para compreender melhor a dinâmica conjugal, devemos ter sempre essa dupla visão em relação aos conteúdos projetados mutuamente. Ainda na fase da escolha, quando os parceiros estão envolvidos completamente pela paixão, é precoce um diagnóstico quanto à natureza criativa ou defensiva das projeções em jogo. Psicologicamente falando, ao tentar buscar a si mesmo no outro, o indivíduo está em busca de si mesmo, portanto na trilha de sua individuação. Porém, os caminhos que ele irá percorrer nos mostrarão se os mecanismos responsáveis pelas projeções instalaram-se de forma defensiva, a serviço da neurose dos parceiros, ou de forma criativa, a serviço de seu desenvolvimento. Vamos então nos deparar com os caminhos e os descaminhos da paixão.

Quando um relacionamento amoroso é capaz de se sustentar de tal forma que os parceiros possam, ao longo do tempo, reformular a base idealizada sobre a qual a relação se construiu, então a paixão que os aproximou e os uniu tinha, na sua essência, a semente de um encontro fértil, capaz de favorecer o desenvolvimento de duas personalidades que, juntas, se multiplicam.

A idealização do parceiro escolhido está sempre presente, com maior ou menor intensidade, sendo a decepção com o outro diretamente proporcional ao nível da idealização. O desenvolvimento do vínculo conjugal dependerá da capacidade dos indivíduos de lidar com a frustração com que se deparam quando a imagem idealizada não corresponde mais ao comportamento do outro; e também dependerá da condição psicológica dos parceiros para reestruturarem o vínculo em bases mais reais.

Essa fase, da escolha idealizada, muitas vezes termina quando os "noivos" se despedem na igreja ou no dia seguinte em que passaram a morar juntos, ou, ainda, um pouco mais tarde, quando o dia-a-dia traz a pessoa real para o relacionamento. Freqüentemente, nos inteiramos desse abismo criado abruptamente entre o casal já na primeira entrevista.

Certa vez, entrevistando um casal, a esposa relata a grande decepção que o marido lhe causou na manhã seguinte à noite de núpcias. Ela acordou cedo, preparou um delicioso desjejum e levou para o marido, que estava dormindo. Este, mal-humorado por ter sido acordado, não quis comer. Ela, então, jogou o delicioso desjejum no lixo. Comenta que daí para frente foi uma decepção atrás da outra, e que o casamento fora, junto com o café, para o lixo.

Não é fácil para o ser humano abrir mão de seus desejos e fantasias, ou mesmo transformá-los na direção de uma reformulação que atenda necessidades mais atuais, o que poderia favorecer, no encontro com o parceiro, uma relação cada vez mais diferenciada e profunda. Mas este movimento exige maturidade. Exige que os casais sejam capazes de abdicar de suas fantasias infantis de felicidade. Um dia, todos nós sonhamos ser Cinderelas e Rapunzéis ou príncipes, e acalentamos secretamente a esperança desse encontro mágico. Ainda que disfarçadamente, mesmo enquanto adultos, essas fantasias continuam presentes e interferindo nas nossas condutas, reivindicando, de alguma forma, sua realização.

Um exemplo que ilustra essa colocação pode ser retirado de um comentário de uma paciente, vinte e sete anos, casada há menos de dois anos, cujo relacionamento conjugal está bastante insatisfatório, principalmente na área da sexualidade. Eles tiveram um casamento principesco, mas estabeleceram rapidamente um jogo perverso de um não poder conferir valor ao outro, tentando dessa forma deter o poder e o controle da relação. O que cada um mais precisava era receber aprovação, e por isso mesmo este é o grande tesouro que cada um guarda como trunfo, nessa luta que virou o casamento. Ela diz: "Quando eu o comparo com os outros homens, ele ganha de todos. Por isso, eu acho que gosto dele. Eu só vou me separar dele se eu achar um príncipe encantado".

Constata-se, com esse exemplo, a resistência de uma personalidade infantil e imatura em abandonar aquilo que vem constituindo e mantendo seu sentido de identidade: um castelo de areia construído para abrigar fantasias onipotentes de um ego tão inconscientemente frágil que precisa buscar sempre fora de si uma força irreal, de tal forma insuperável, que a miséria humana jamais abateria e com a qual ela está projetivamente identificada.

Nessas situações, eu costumo falar para os casais em análise, trazendo para os nossos encontros um certo humor, que não existe príncipe nem princesa, nos termos que eles estão buscando. E acabo usando um exemplo da realidade atual, que é o caso do príncipe Charles e da princesa Diana, mostrando que eles também não são príncipes, se olharmos para o desenrolar de suas vidas amorosas e principalmente de como esse caso acabou.

# III

# A COMPLEMENTARIDADE NARCISISTA NA DINÂMICA CONJUGAL: DA IDEALIZAÇÃO À DESILUSÃO

## A ARTE DE FAZER ARMADILHAS

A manutenção das idealizações do outro, mesmo quando se depara com uma realidade que não lhe corresponde, leva os parceiros a serem prisioneiros de seus próprios desejos não realizados. Começa a surgir entre eles uma desconfiança mútua, com o sentimento de que foram traídos, enganados. Instala-se uma confusão, às vezes não percebida, a respeito da própria identidade e da identidade do parceiro. Ambos se sentem perdidos, pois a base sobre a qual a relação se fez não suporta a realidade diante da qual aqueles indivíduos se encontram. Essa realidade que se impõe não atende aquele projeto grandioso e fantasioso construído pela paixão.

A força dos arquétipos da *anima* e do *animus* começa a dominar o ego e suas percepções através do seu oposto idealizado; os aspectos negativos e destrutivos. O outro continua desconhecido na relação. Muitas vezes, apenas espelhando a projeção de um pólo desses arquétipos que, nesse momento da relação, é oposto ao da idealização.

Os cônjuges passam então a viver outra fase do seu relacionamento, que é marcada pelo sentimento de decepção.

Decepcionados e perplexos em meio aos escombros do castelo desmoronado, o casal tenta, cada um de seu jeito, formas de restaurar a antiga promessa de felicidade, ainda com a figura idealizada do outro. Nessas tentativas, geralmente, encontramos a busca insistente de ambos para reinstalar aquele projeto inicial que os uniu e que lhes dava garantia mútua de segurança.

Nessa fase, apesar da decepção, encontramos muita esperança. Esse sentimento poderá mobilizar o casal no caminho do reencontro, possibilitando a cada um, através da ajuda do outro, o amadurecimento de suas personalidades propiciado pela difícil vivência da conjugalidade. Mas, muitas vezes, o desejo de reencontro continua sobre as mesmas bases idealizadas do início da relação. Ainda permanecem o desejo e a esperança de que o cônjuge poderá, a qualquer momento, magicamente, voltar a ser aquele príncipe ou princesa capaz de compreendê-lo, enxergar suas necessidades e que, finalmente juntos, formarão uma unidade perfeita.

Os arquétipos da *anima* e do *animus* permanecem indiscriminados enquanto função de ligação da consciência com o inconsciente. Se essa ligação não ocorre, os indivíduos ficam atados a conteúdo e imagens inconscientes do mundo infantil, buscando satisfação imediata através do parceiro, quando deveriam perceber que o casamento é uma construção permanente, através de uma relação dialética e igualitária entre parceiros.

Na tentativa de restaurar a imagem antiga do outro, que era cheia de promessas de felicidade, muitos "jogos e armadilhas" são armadas para se tentar alcançar o sonho perdido ou, ainda, para provar que o outro é realmente um traidor.

A conseqüência desses jogos, invariavelmente, traz uma nova decepção, pois nenhum caminho torto, ilícito, pode gerar sentimentos verdadeiramente honestos. Os parceiros estão sempre preparados para não entregar o "ouro ao bandido". Desvelar o conteúdo desse jogo competitivo é fundamental para que cada um possa entrar em contato com o profundo medo de que o outro não seja capaz de cuidar daquilo que se tem de mais precioso e que precisa ser protegido contra qualquer situação julgada ameaçadora. Cada um protege o seu "tesouro", negando ao outro aquilo que este implora por ter nessa relação, mas também o faz de uma forma ilícita, pois legitimar seu desejo, dentro desse relacionamento, implica em ter que também revelar seu tesouro ao outro. Nessa dinâmica conjugal, o outro é sempre o bandido de quem se tem que proteger.

Podemos apreender esse jogo psicológico do ponto de vista da complementaridade conjugal, mas também do ponto de vista da organização psíquica de cada cônjuge, que acaba muitas vezes sendo responsável por essa simbiose conjugal.

Quando começamos a lidar com esse material na terapia do casal, temos que estar seguros quanto à receptividade de cada um em relação ao outro. Isso porque a compreensão das próprias feridas está intimamente ligada à compreensão das feridas do parceiro. Essa vivência pode favorecer uma aliança sadia entre eles ou pode acirrar o medo daqueles conteúdos intocáveis, gerando raiva e destrutividade, comprometendo o trabalho e até o próprio casamento.

# O DESENVOLVIMENTO INFANTIL
## COMO BASE DO
### RELACIONAMENTO AMOROSO

Não podemos deixar de observar que certos conflitos conjugais podem ser produto da própria relação, surgidos a partir de situações mais atuais, tendo como desencadeantes fatores de ordem econômica, mortes, doenças ou mesmo em função de uma evolução normal de duas personalidades que podem se encaminhar para direções que não se conciliam num primeiro momento ou mesmo definitivamente.

Mas, em nosso trabalho clínico, nós nos deparamos, com muito maior freqüência, com casos em que o sofrimento dos casais e as defesas por eles empregadas para lidar com esse sofrimento têm suas raízes em situações psíquicas tão arcaicas que remetem o indivíduo àquelas ansiedades ligadas ao período de dependência total, quando eram bebês na relação primal com seu primeiro objeto de amor.

O casamento, através da vivência de dependência mútua inerente à sua condição, pode reinstalar, em graus variados, ansiedades que se originaram naquele período do desenvolvimento. É a partir dessas vivências que o bebê retira o alimento de que necessita para sua evolução, favorecendo o estabelecimento e a manutenção de sua identidade.

"O relacionamento primário não pode ser compreendido a partir de um ou de outro participante, e sim em função do campo psicológico simbólico arquetípico constelado dentro dessa unidade familiar. As forças psicológicas que atuam nesse campo, aliadas ao estado de indiscriminação egóica do bebê, favorecem não só a vivência de identidade total com a mãe, com quem desfruta grande intimidade, mas também com esse campo arquetípico-simbólico-familiar, respirando toda a atmosfera emocional que o cerca. É também das forças inconscientes subjacentes ao relacionamento dos pais que o bebê retira o alimento psíquico para a construção da sua consciência. Pois a criança apreende o todo da personalidade dos pais, que vai além das palavras e de atitudes bem-intencionadas." (2)

Uma criança constrói sua identidade baseada na experiência contínua de ser, continuidade esta que inclui toda e qualquer vivência, mesmo que a consciência não possa abrangê-las. Podemos incluir, provavelmente, até aquelas que antecederam seu nascimento. Para a psicologia analítica, o conceito de identidade não está relacionado apenas às vivências do ego, mas é reconhecido como um processo que se faz por meio de duas dinâmicas psicológicas: introjetiva e projetiva, ligada ao mundo dos objetos; e acausal, ligada ao mundo dos arquétipos, do inconsciente coletivo. Portanto, o conceito de identidade está relacionado ao *Self*,\* que é o arquétipo da totalidade psíquica, a partir da qual o ego e a personalidade consciente se desenvolvem.

A relação ego-*Self* na formação da identidade é muito bem descrita por Schwartz-Salant:

> "O sentimento de identidade que o ego obtém pela ação de olhar o espelho do Si-mesmo é vasto, sempre além da sua vida na realidade do espaço e do tempo. Mas, quando se olha o Si-mesmo, refletindo-se tal como ele é, o Si-mesmo também se transforma. Nesse processo (...) o Si-mesmo torna-se o espelho do ego, refletindo uma identidade estável e, não obstante, mutável, enquanto o ego se transforma numa fonte de consciência e de transformação para o Si-mesmo. Precisamente nessa mistura de realidade temporal e transcendência, a identidade vive e se transforma continuamente. O processo de introjeção e projeção, que depende dos objetos externos, é essencial para o fortalecimento do ego e para a sua separação do Si-mesmo, momento a partir do qual o Si-mesmo pode desenvolver-se sob a forma do verdadeiro outro. Mas a experiência desse outro interno e o seu papel na criação contínua da identidade jamais podem ser reduzidos a uma teoria das relações com o objeto." (22)

Problemas no desenvolvimento da relação ego-*Self* geram desordens psicológicas ligadas à identidade e à auto-estima. O abalo emocional provocado por essas desordens acaba sendo potencializado no caso do relacionamento conjugal. O casamento pode reativar fontes primárias de ansiedade. Nesses casos, é impossível trabalhar com os cônjuges sem buscar compreendê-los a partir de um prisma desenvolvimentista.

Sendo profundamente influenciado por todo esse campo de forças psíquicas já mencionado, o bebê experimenta a continuidade do "sentir-se sendo", desde a mais absoluta dependência do meio, passando pela etapa de uma dependência relativa, para gradualmente caminhar em direção à independência.(6)

Winnicott vê a condição de dependência do bebê evoluindo por essas três etapas, através das quais ele vai convivendo com ansiedades inerentes ao processo do desenvolvimento humano, que deverá resultar na integração de um ego capaz de lidar com as diferentes exigências feitas pela vida. E o casamento é uma delas. Abandono,

---

\* Ressalva-se que o termo *Self* foi traduzido, na obra de Schwartz-Salant, pela expressão Si-Mesmo. Portanto, ambos, *Self* e Si-Mesmo se referem ao arquétipo da totalidade psíquica. Neste trabalho a autora utilizará o termo *self*, enquanto nos trechos transcritos do livro *Narcisismo e Transformação do Caráter* permanecerá o termo Si-Mesmo, de acordo com a tradução.

rejeição, desvalorização, incompletude, angústia, sentir-se perdido e destruído, enlouquecimento, inveja, ciúmes exagerados, solidão, raiva, ódio, ambivalência, desejo de vingança e destruição são sentimentos freqüentemente relatados pelos casais em suas queixas. Vamos encontrar no avesso desses sentimentos a verdadeira busca do casal. Mas onde eles se perderam? Talvez eles ainda nem se acharam. Andam se buscando, mas por caminhos tão tortos e ilícitos que não podem se mostrar, e muito menos ver o outro. Não se encontram, mas se trombam e se machucam. Acusam-se mutuamente, mas não se apercebem como co-autores desse enredo. E desde quando estão perdidos? É difícil saber. Às vezes, desde a etapa da dependência absoluta, quando, nos primeiros encontros com seu meio, experimentaram um nível de desproteção que pode ter violado a construção da "linha de continuidade do seu ser" e que os obrigou a uma reação contra as ansiedades provocadas por essas situações.

...''E, se o bebê não puder descansar e se recuperar num ambiente que novamente se tornou maximamente adaptativo, a linha de continuidade será restaurada com dificuldade. Um acúmulo de imposição traumática na etapa da dependência absoluta pode pôr em risco a estabilidade mental (sanidade) do indivíduo''. ''O trauma é uma imposição do ambiente, e da reação do indivíduo ao ambiente que ocorre antes que haja um desenvolvimento dos mecanismos individuais que tornam previsível o imprevisível.'' (6)

Para Winnicott ''a alternativa ao ser é reagir, e reagir interrompe o ser e aniquila''. A vivência de aniquilamento que o bebê experimenta pode obrigá-lo a uma ''organização na direção da invulnerabilidade'', que, mais tarde, aparece na vida do adulto através de defesas que o protegerão de experimentar novamente aquelas ''ansiedades impensáveis'' eliciadas no período pré-verbal na história do indivíduo. (6)

Podemos encontrar casais perdidos nesse período, buscando se defender na relação de dependência conjugal contra o medo de se sentirem vulneráveis ao abandono, à rejeição, à desvalorização etc.

### DESORDEM NARCISISTA:
### NA ESCOLHA DO PARCEIRO E
### NA MANUTENÇÃO DA RELAÇÃO

Sem perder de vista a complementaridade conjugal, mas, pelo contrário, buscando compreendê-la a partir das ansiedades inconscientes de cada um, deparamo-nos com manifestações clínicas ligadas às desordens narcisistas. Problemas conjugais podem indicar problemas na área do arquétipo da *coniunctio*. Segundo Schwartz-Salant "o tratamento das desordens narcisistas lida principalmente com as defesas extremas contra a ligação, tanto com os outros como com o inconsciente. A união é objeto de grande temor". (22)

Portanto, é fundamental ampliar nossa visão da terapia conjugal por essa via, uma vez que estudos mais aprofundados sobre o mito de Narciso levantam questões cruciais, que podem nos oferecer caminhos para uma abordagem cada vez mais abrangente nessa área.

Imagens impressionantes têm sido construídas por casais durante o tratamento. Um homem de vinte e oito anos sentou-se ao lado da mulher para me mostrar como era sua percepção daquela relação. A emoção que ele experimentou com aquela aproximação foi tão intensa que o surpreendeu. Seu choro revelou antes de tudo um momento de integração de seus sentimentos rigidamente negados, pelo menos nessa relação. Esse mesmo homem não conseguiu olhar a imagem construída pela mulher, em que ambos estavam ligados por um nó feito com as pontas de suas camisas. O que, na verdade, ele não suportou foi olhar para o nó se desfazendo. O que realmente estava difícil era perceber o medo que sentia de estar ligado à esposa, o valor afetivo dessa ligação e o pânico inconfesso de perdê-la.

Essas imagens corporais delineadas por esse casal mostram o horror que uma personalidade com desordem narcisista desenvolve pela união. Não suporta intimidade com os outros e consigo porque teme a vulnerabilidade diante do outro e diante de si própria. Vive a expectativa do caos, e é capaz de recorrer a todos os recursos de que dispõe para evitá-lo.

Podemos encontrar nos primórdios da psicologia analítica a visão de Jung sobre o medo que se encerra na ligação amorosa entre um homem e uma mulher:

> "O desejo apaixonado tem dois lados: é a força que tudo exalta e, sob determinadas circunstâncias, também tudo destrói. É compreensível assim que um desejo ardente já venha em si acompanhado de medo ou que seja seguido ou anunciado pelo medo. A paixão acarreta destinos e, com isso, cria situações irrevogáveis. Impele a roda do tempo para a frente e imprime na memória um passado irreparável. O medo do destino é por demais compreensível: ele é imprevisível e ilimitado, encerra perigos desconhecidos, e a hesitação dos neuróticos em tentar a vida explica-se facilmente pelo desejo de ficar de lado, para não ser envolvido na perigosa luta. Quem renuncia à façanha de viver precisa sufocar dentro de si mesmo o desejo de fazê-lo, portanto cometer uma espécie de suicídio parcial. Isto explica as fantasias de morte que freqüentemente acompanham a renúncia ao desejo." (13)

Seguindo o enredo do filme "Eu sei que vou te amar", encontramos outros diálogos preciosos, que ilustram algumas dinâmicas psicológicas conjugais como, por exemplo, essa que retrata a sensação de caos que a vivência da paixão instala.

Ela diz a ele, recordando a primeira relação sexual entre eles: — "Quando seu pau entrou, pensei, é Natal, é Carnaval, São João. Meu pai chegou da cidade. Vou contar para o papai. Chegou o homem da minha vida. O que vai ser de mim? O que vai ser de mim? O que vai ser de mim?".

Ele diz a ela: "Ouça bem. Quando eu entrei em você pela primeira vez, era como se eu estivesse entrando numa floresta negra, molhada. Entrei em você e ouvia aplausos. Pensei: é gol, gol do Brasil, foguetes. Sensação de taça de ouro. Pensei: essa menininha me dando tudo isso... Será que ninguém cuida dela? Será que o pai e a mãe dela vão deixar ela me enlouquecendo de paixão? Quem é ela? Será que algum dia vou virar mulher, virar ela? Será que algum dia ela vai me matar?".

Podemos interpretar esse diálogo considerando vários aspectos psicológicos. No entanto, é significativo o aparecimento da ansiedade a partir da vivência sexual. A sexualidade é o canal mais concreto através do qual o casal realiza sua união, apesar da experiência simbólica que dela resulta. Portanto, podemos estabelecer uma relação íntima entre sexualidade e temor à ligação.

E é na relação conjugal que as personalidades com desordens narcisistas encontram o campo mais favorável para que essas vivências se instalem: começando com a escolha do parceiro e continuando no relacionamento diário.

## CASO A — Marcos e Paula

Apresentaremos um exemplo que ilustra essa forma de dinâmica conjugal estruturada a partir do encontro de duas feridas narcisistas.

Marcos relatou que, antes de se casar, achava que a beleza física não era importante; valorizava na mulher a inteligência, a simpatia e a pouca experiência de vida. Assim, poderia ensinar-lhe várias coisas, abrir-lhe caminhos, e, depois, quando ela estivesse mais madura, no mesmo nível que ele, então caminhariam juntos.

Paula tinha sido uma garota com poucos dotes físicos: achava-se feia, gorda, com muita acne e nunca havia tido um namorado antes dele. Ela se surpreendeu com o interesse dele. E ele encontrou a pessoa que havia idealizado. Aquela mulher não oferecia qualquer risco para sua estrutura de personalidade controladora, racional.

Marcos também nunca havia tido um relacionamento mais comprometido anteriormente. E suas experiências sexuais foram raras e apenas com prostitutas.

Eles tinham aproximadamente vinte e dois anos quando se conheceram e o namoro transcorreu sem muita paixão. Paula tinha restrições à intimidade sexual antes do casamento e isso confirmava as expectativas de Marcos, quanto ao importante papel que teria para ajudá-la a desabrochar. Após o casamento, o *script* não se realizou. Ela não desabrochou, o relacionamento afetivo entre eles continuou pobre, cerimonioso, ambos continuaram impenetráveis um para o outro. Ele sempre teve uma atividade masturbatória intensa, diária, mesmo depois de ter tido uma relação sexual, o que ocorria uma vez por semana, sempre no mesmo dia. Isso também ocorria quando era solteiro, o que significava que uma mulher não poderia satisfazê-lo, a não ser ele próprio, caracterizando um movimento de sua libido direcionada quase que exclusivamente para si mesmo. Essa garantia ele tinha. Dono de um ego inflado e onipotente, Marcos não dependia de ninguém, o que lhe dava a falsa sensação de total controle do mundo e de suas emoções. Quando seu primeiro filho nasceu, ao vê-lo pela primeira vez, sentiu um desconforto tão intenso que não foi mais capaz de segurar aquele mundo interno caótico do qual estava dissociado. A figura do filho desprotegido, inseguro e dependente lhe impôs um confronto, ainda que inconsciente, com uma imagem sombria de sua criança ferida, de pouco valor. Durante o dia de trabalho, disfarçava sua depressão ansiosa ao sentir perturbações físicas como palpitações cardíacas, sudorese etc. À noite, deixava-se abater pela angústia. Deitava-se no sofá, chorava, sentia-se impotente para criar o filho. Naquela época, procurou um psiquiatra, pois tinha medo de se suicidar. A fragilidade do marido, antes forte e seguro, abalou ainda mais a relação. Paula também permaneceu fechada na sua impenetrabilidade. Contida nas suas expressões de afeto e na sua sexualidade, estendeu esse controle às outras áreas da vida familiar, e sentia-se muito atacada e ferida na sua auto-estima quando o marido interferia em áreas que julgava de sua competência. Acusava-o de autoritário, insensível e dono da verdade. Não obstante, esse controle também não suportou as exigências que a vida foi lhe apresentando, e o caos tão temido e por isso mesmo colocado longe da consciência, se instalou: após o nascimento do segundo filho, que era uma menina, ela começou a ter crises de pânico. Assim como para o marido, a criança do mesmo sexo da mãe mobiliza sua sombra da menina ferida, desamparada, vulnerável à dor do abandono, que precisa do outro para buscar sua própria referência de valor pessoal. Algumas sessões de terapia com o casal resultaram num acordo mútuo de separação. Mais algumas sessões foram feitas para o acompanhamento dessa separação. Pareciam dois amigos se separando. Mas, apesar disso, havia tristeza, sentimento de fracasso, inseguranças. E medo das emoções. Ele se mostrou perplexo quando, em uma sessão, ela chorou, porque, afinal, eles haviam combinado que ninguém iria sofrer. Para ele, uma regra estava sendo desrespeitada. Ele realmente não conseguia entender que é impossível combinar com antecedência o que vamos sentir. Em geral, os casais que brigam muito e se descontrolam exageradamente marcam presença na nossa memória. Esse casal nos marcou justamente pelo oposto, tamanha assepsia emocional.

## DESORDEM NARCISISTA:
## A IDEALIZAÇÃO E A PERDA
## DO PARCEIRO IDEALIZADO

Outro aspecto crucial nas desordens narcisistas e que tem papel fundamental na dinâmica conjugal é a questão da idealização.

A idealização já foi abordada, inicialmente, como aquele elemento capaz de levar as pessoas a se apaixonarem: a paixão possibilita a emergência de conteúdo do inconsciente, abrindo assim um caminho para este se expressar.

Esse caminho sempre pode ser visto de uma forma positiva, pois qualquer que seja ele, criativo ou defensivo, não deixa de ser uma porta para o inconsciente, portanto, uma oportunidade para o ego estabelecer conexões com alguns complexos antes dissociados da consciência.

Assim, a idealização cumpre essa função na dinâmica individual e na conjugal. Quando criativa, promove um confronto com o inconsciente que pode levar os indivíduos, dentro de uma relação conjugal, a restaurar um sentimento de importância pessoal com base na própria identidade. Isso é possível pela integração de aspectos idealizados que foram projetados no outro e, com isso, podendo reestabelecer a necessária conexão ego-Self. Esse é um resultado bastante positivo, almejado por todos, porém difícil de ser alcançado. De qualquer forma, é válido reforçar que é um caminho trabalhoso, que exige compromisso mútuo.

Quando defensiva, a idealização aponta para os perigos implícitos à necessidade narcisista de reflexão especular. "Tal como ocorre com o caráter narcisista, ele só pode amar uma forma ideal, pois ela — e somente ela — pode refletir suas próprias necessidades de um objeto idealizado." (22).

35

No desenrolar do filme já citado, a personagem revela tal necessidade dessa forma: "Eu fui educada para ser de um homem só. Eu fui educada para amar um astro de cinema americano. Eu me convenci que eu ia ser de alguém. Eu me convenci que eu ia ser de você".

Dessa dinâmica narcisista podemos vislumbrar a terrível luta que se estabelece na relação conjugal, para que o objeto idealizado, o cônjuge, não seja devolvido à sua condição de um ser real.

## CASO B — Vera

Vera, trinta e cinco anos, vem para análise com a queixa de se sentir angustiada perante várias situações de vida: no casamento, com os filhos, com sua mãe e seus irmãos, seus amigos etc. Sente-se desconfortável com as pessoas de uma maneira geral. Ou ela se vê muito diminuída ou muito superior frente ao outro. Nunca se vê numa relação de igualdade. Qualquer diferença percebida entre ela e outra pessoa é vivenciada sob uma forma de autodesvalorização. Às vezes, olha-se no espelho e acha-se bonita e charmosa, para, instantes depois, diante de alguém que admira, depreciar-se dos pés à cabeça. Sente que não sobra nada para ela de valor, ficando com a sensação de não ter história, de não ter construído nada dela, para ela ou dentro dela. Essa forma de apreender e estar no mundo fala de uma ausência de referência própria, caracterizando um distúrbio na relação ego-*Self* de sua personalidade. Esta relação deveria ser o eixo norteador de suas percepções, que seriam construídas com base no sentido de sua identidade pessoal e transpessoal, o que não estava sendo possível para essa pessoa.

Como se manifesta essa personalidade, tão ferida em seu narcisismo, no relacionamento conjugal? Vera alimentou durante anos uma distância do marido em relação às exigências naturais da vida doméstica. Ele deveria ser poupado daquelas tarefas tão pequenas e sem atrativos; desde colocar e tirar as louças de uma refeição, até cuidar de uma criança. Assim fazia tudo sozinha. Vivia um sentimento de insatisfação constante, sem se dar conta da solidão em que se encontrava e que mantinha com suas atitudes. No casamento mandava o marido para fora, para a rua, para o futebol, numa atitude altamente compreensiva. Essa situação se manteve por aproximadamente treze anos.

Durante sua análise, percebeu que precisava ter no marido uma figura idealizada e que tudo fez para não vê-lo igual aos outros. Precisava criar um Deus, um homem poderoso para que, através dele, dentro da simbiose conjugal, pudesse ver refletido seu *Self* grandioso e onipotente. Assim, a simples presença dele valia peso de ouro e o valor dela estava sempre condicionado à sua eficiência e prontidão para a ação, o que acabava gerando crises de insatisfação nela. Nessas situações, ela o via como uma pessoa egoísta, que não participava dos problemas familiares etc. No entanto, quando ele estava presente, Vera experimentava um nível de ansiedade paralisante: não sabia como aproveitar a companhia do marido. Tinha dificuldade em estabelecer intimidade com ele e sentia-se pouco interessante para ele. Acabava sentindo alívio quando ele saía de casa.

A imagem idealizada do marido era restaurada novamente através da projeção do seu *Self* desejoso e ao mesmo tempo invejoso de luz. O marido era iluminado. E o ciclo ia se repetindo ao recolocá-lo no centro de sua vida em torno do qual voltava a girar. Essa situação era mantida a partir de uma mútua escolha narcisista. Vera preenchia a necessidade pessoal e narcisista do marido de brilhar, mantendo idealizada a pessoa dele. E através do distanciamento do marido e de sua figura idealizada, ela podia ver-se refletida como onipotente e grandiosa, qualidades de um ego fusionado ao *Self*.

Durante a análise, encontramos bastante resistência em trabalhar na direção de relações mais realistas com seus objetos internos, simbolizados na sua relação com o marido, com a analista etc. Este caso é bastante esclarecedor quanto à necessidade de uma personalidade com desordem narcisista escolher e manter, custe o que custar, um parceiro ideal, projeção de seu *animus*, como um espelho de sua realidade interna.

Quando a idealização não dá mais suporte a um relacionamento cujas personalidades envolvidas estão presas uma à outra pela complementaridade narcisista, tudo desmorona.

A projeção da *anima* e do *animus* fica sem espaço ou perde boa parte dele para se realizar. Há um refluxo dessa energia para a sombra, que ganha mais espaço nesse relacionamento. Em termos fenomenológicos, podemos ver o resultado dessa dinâmica psíquica conjugal nas palavras de Nathan Schwartz-Salant:

> "Esse amargor e essa súbita mudança de disposição que nos acometem quando nossas necessidades de reflexão não são atendidas, constituem precisamente aquilo que o caráter narcisista vê" (22).

E, por acaso, não vem a ser essa a grande queixa dos casais que nos procuram nos consultórios ou fora deles? Apatia, indiferença de um pelo outro, raiva, ressentimento, mau humor, impaciência e decepção? Freqüentemente, escutamos frases do tipo: "Casei com uma pessoa e agora convivo com outra, completamente diferente, ele (a) mudou da água para o vinho" etc., querendo sempre dizer

37

que o cônjuge piorou, por se tornar diferente do que era no início do relacionamento.

É no vácuo criado pela impossibilidade de se ver refletido pelo outro, via projeção de *anima* ou *animus*, e com isso abrindo espaço para uma invasão sombria de desejos infantis não atendidos, que o casal vai se especializando em armar ciladas um para o outro. Essas ciladas são arquitetadas nos recônditos mais sombrios do inconsciente e se apresentam de uma forma tão sutil que é difícil, tanto para quem as armou como para quem nelas caiu, percebê-las.

Esse é um campo fértil para o trabalho psicoterápico com casais. Ajudá-los a identificar essas armadilhas, buscar uma compreensão dos mecanismos psicológicos individuais que estão na base dessas situações e a complementaridade que se instala a partir delas, favorecendo a neurose conjugal, vêm constituir os principais vetores que norteiam nossa abordagem.

## CASO C — Beatriz e Luiz

Uma situação ocorrida entre um casal na sala de espera do consultório pode ser bastante esclarecedora, tanto no que diz respeito às armadilhas presentes na dinâmica conjugal quanto à forma de abordá-las.

Trata-se de um casal que trouxe como queixa a falta de entendimento mútuo, porque não falavam mais a mesma linguagem. Beatriz estava tendo crises de descontrole em situações onde se sentia abandonada. Luiz era visto por ela como frio e muito distante de suas necessidades, só pensando nele e fazendo o que lhe interessava.

O casamento havia ocorrido há seis anos e não tinham filhos, o que não constituía uma queixa para eles. Ambos faziam suas próprias análises, o que os ajudava individualmente a reconhecerem suas feridas e as dinâmicas psicológicas a elas relacionadas.

No entanto, vamos percebendo o tamanho da interferência dessas feridas no relacionamento deles.

Quando Beatriz conheceu Luiz, "não podia acreditar que um homem bonito e charmoso como ele pudesse se interessar por mim, que era feia e insegura". Então, ele era tudo para ela e isso fazia com que se sentisse cada vez mais submissa e incapaz de reagir às atitudes dele. Na percepção dela, ele decidia sobre as coisas e assim a situação estava definida. Quando o desejo de uma outra pessoa não coincidia com o dele, ele também se descontrolava.

Com o desenrolar do trabalho, foi-se caracterizando uma complementaridade narcisista entre o casal. Ela, carente e insegura, se organizou para ser sempre o que as pessoas queriam que ela fosse. Ele, colocando-se de forma objetiva e fria, falava em favor de um afastamento (não falava em separação), por não suportar as situações de agressividade, até físicas, criadas por ela.

Na infância Luiz foi vítima de agressões físicas e psicológicas de seu pai, tendo com isso introjetado um modelo de relacionamento nitidamente sádico, que ele atua quando se sente vulnerável. Assim, aquele que no passado fora vítima, agora se identifica com seu torturador para se defender. Humilhar e abandonar são suas armas, que se tornam poderosas e destrutivas, principalmente quando atacam uma personalidade insegura e carente, que lhe reflete sua sombra de criança humilhada e necessitada de um olhar amoroso e protetor. Por isso, ele não fala em separação. Ele não suportaria viver sem um espelho que refletisse um componente da sua psique que, na condição de complexo inconsciente, é projetado na parceira, ligando-o a si mesmo.

Ambos foram feridos na construção de suas identidades, abalando a confiança no valor de suas existências. Agora buscam, compensatoriamente, esse valor através da aprovação e a empatia nela contida na figura do cônjuge. O valor inerente à própria condição de existir, de ser, é o alimento vital para a psique. O valor condicional não alimenta. Beatriz concretiza esses sentimentos de pouco valor pessoal com crises freqüentes de bulimia. E ele, com cobranças que revelam um enorme medo de não ser atendido, o que significa não ser visto, não ser compreendido, não ser refletido por ela.

De posse de todos esses dados, vamos poder entender melhor a situação ocorrida na sala de espera, anteriormente referida, que depois foi relatada por eles na sessão.

Beatriz começa a sessão dizendo que quando ele entrou no consultório pensou que fosse seu marido, "mas não era, era um cavalo". Daí ela se fecha e não fala mais. Luiz disse que não sabia o que tinha ocorrido, pois chegou bem, tinha pensado nela o dia inteiro, por ser o dia internacional da mulher. Pensou em passar-lhe um telegrama, mas acabou não sendo possível. Como ela não lhe dava resposta, ele, de forma dura e objetiva, ameaça ir embora dizendo ter muitas coisas importantes para fazer em casa.

A manipulação pelo abandono fez com que ela reagisse dizendo que estava cansada da falta de cuidado dele, que ele vem minando todas as suas conquistas no sentido de se ver e estar mais separada dele etc.

Aí Beatriz relata que, assim que ele chegou ao consultório, ela perguntou se ele tinha dinheiro para pagar as sessões do mês. Ele simplesmente respondeu que não. Ela, então, novamente, tornou a lhe perguntar como poderia fazer para pedir dinheiro emprestado ao banco, já que tinha outros compromissos financeiros para cumprir.

Luiz respondeu que não sabia e que ela deveria se informar em alguma agência bancária.

Esse diálogo fez com que ela se sentisse abandonada e mal cuidada, acusando-o de manipular sua ferida de rejeição, para ela voltar a ser a coitadinha da relação. Um dado importante é que ela estava arcando com essa despesa do casal há três meses porque a firma do marido estava atravessando uma crise financeira muito grande. Ela chegou a mostrar que estava insatisfeita com essa situação nessa sessão. Enquanto ele tentava explicar que não tinha entendido por que ela havia ficado tão raivosa, já que ela sabia que ele não teria dinheiro antes do próximo dia quinze, ela o interrompeu várias vezes, para lhe dizer que o que mais a machucou foi a forma como ele respondeu.

As interrupções de Beatriz foram deixando Luiz bastante irritado. Ele disse que não ia falar mais nada e, de uma forma muito áspera, ordena que ela continue falando, que ele quer que ela passe a falar até o fim da sessão, e ele passará a escutá-la. Enquanto ele se dirige a ela dessa forma, ela vai se encolhendo, com a cabeça voltada para baixo, paralisada por essa forma de tratamento humilhante.

Vendo essa cena isolada de todo o resto, ele era, naquele momento, o verdadeiro algoz dela. Mas essa situação pode esclarecer como o casal se mantinha paralisado numa armadilha afetiva. Ambos se humilharam e vêm se humilhando ao longo do relacionamento.

O verdadeiro sentido da humilhação é sensibilizar o outro para o tamanho da dor psíquica que se apresenta sob uma forma disfarçada. Porém, esse disfarce gera raiva, ressentimento e desejo de vingança.

Ele a humilhou na sessão, mas ela havia feito o mesmo quando lhe perguntou a respeito do dinheiro. Voltando mais atrás no tempo, ele teria, no fim de semana, dito que tudo ia muito bem na vida dele, com exceção dela etc. Se voltarmos mais para trás vamos encontrar outros elos dessa seqüência. O que não é necessário, pois esse diálogo pode ser tomado como um bom indicador de como eles são peritos em fabricar esse tipo de armadilhas. E a partir de uma compreensão mais profunda dessa dinâmica complementar, podemos ajudá-los a perceber e desmanchar os nós onde eles se engancham dentro dessas armadilhas. E este é um trabalho artesanal, que requer habilidade técnica do terapeuta, mas, mais do que isso, é necessário empatia somática e psíquica com o conflito trazido pelo casal. Isso nos permite mergulhar no campo simbólico conjugal com o todo de nossa personalidade, incluindo principalmente as nossas vivências de conjugalidades, bem ou mal resolvidas.

Voltando à análise do casal, Luiz percebeu que havia reagido à provocação de Beatriz na sala de espera, e ela se percebeu reagindo à dor sofrida pelo que ele dissera dela no fim de semana anterior. Ela criou aquela situação tendo uma expectativa de que ele se dispusesse a assumir, pelo menos parcialmente, aquele compromisso que era dos dois, ou tentar arrumar o dinheiro de alguma forma para ajudá-la. Essa seria uma prova de que tudo o que ele havia falado anteriormente não era verdadeiro. Afinal, ele estaria investindo na relação deles. E ela não teria aquele sentimento horrível de estar só. A armadilha aqui consiste no fato de que ela sabia ser impossível para ele atender sua expectativa, e ele, paralisado pela humilhação, não encontrou outra saída a não ser abandoná-la. (Ela teria que arrumar o dinheiro sozinha.) Porém, aquela situação criada era exatamente o oposto do que ela buscava. A armadilha pela humilhação era um pedido de afeto, de companheirismo, mas que, feito por um caminho ilícito, só mobilizou raiva e o troco na mesma moeda: ele lhe devolveu a humilhação sofrida quando a maltratou querendo fazê-la falar durante o resto da sessão, como castigo por tê-lo interrompido.

Ambos perceberam a importância de detectar esses jogos, e passaram a ficar mais atentos a essas armadilhas, buscando reconhecer o mais precocemente possível o verdadeiro pedido que temem revelar ao outro e que, por isso, acabam sendo expressos de forma ardilosa.

Essas armadilhas buscam fixar o outro no papel de bandido. Nesse caso, ele é sempre o carrasco, o torturador que abandona, e ela é sempre a vítima, a mendiga que se arrasta por migalhas afetivas. Eles tiveram que perceber que essas polaridades estavam presentes em ambos, apesar de serem manifestadas de formas diferentes. O relato deixa claro como eles se torturavam mutuamente e como, ao mesmo tempo, eram vítimas de suas próprias torturas. Ambos se sentiam mendigos afetivamente falando. Ela implorando, ele nem sequer podendo ver o quanto precisava dessa relação.

Perdidos nesse emaranhado de emoções que propiciam brechas para o surgimento de mágoas e ódios antigos, não conseguem conversar para encontrarem, juntos, uma solução para um problema que diz respeito aos dois, no caso, o pagamento da psicoterapia.

Ao final da sessão, considerando a dificuldade momentânea do casal, foi proposto a eles o adiamento do pagamento por uma ou duas semanas, respeitando a inflação monetária correspondente àquele período.

A perplexidade com que eles receberam essa proposta fez com que se dessem conta de que a rigidez de um em relação ao outro era proveniente de um estado de tensão, que favorecia acusações mútuas. Portanto, uma saída satisfatória, razoável, ao alcance deles, devia ser inconscientemente ignorada, pois não atendia aos propósitos emocionais, ligados a outras situações, que buscavam uma brecha para se manifestarem.

Ao final, ele disse que, considerando essa possibilidade, poderia se responsabilizar por aquele compromisso, pois, conforme havia dito, teria dinheiro depois do dia quinze próximo. Ela, então, pôde se organizar em função das dívidas mais imediatas e inadiáveis.

Essa situação acabou se transformando para o casal numa nova referência. Agora, eles podem incorporar à relação elementos antes dissociados de suas personalidades conscientes e, portanto, desconhecidos para eles. De posse de novas referências, a relação conjugal pode, gradualmente, alicerçar os próximos conflitos em bases diferentes daquelas por nós analisadas, quando o conflito conjugal remetia cada um dos cônjuges a suas feridas pessoais, e a dor de tais feridas encontrava nesses conflitos um campo fértil para proliferar.

# IV

# A TEORIA DOS COMPLEXOS NO CAMPO DA CONJUGALIDADE

## DEFINIÇÃO DE COMPLEXO

A vida de um casal é profundamente afetada pelos conteúdos psíquicos dissociados da personalidade consciente de cada cônjuge. E podemos constatar isso através do tom emocional com que eles tratam certas queixas. Vistas de fora, racionalmente, sentimos uma desproporção entre o ocorrido e a manifestação emocional eliciada pelo fato.

Essa desproporção ocorre de duas formas: com fortes reações emocionais para tratar de aspectos muitas vezes corriqueiros, ou outras vezes desconsiderando ou tratando com muito menos rigor situações de fato sérias. Citaremos, a seguir, uma situação conjugal como um exemplo desse paradoxo emocional.

Um homem de quarenta e quatro anos trouxe para sua análise, como uma de suas queixas, os ciúmes exagerados de sua esposa. Ela sempre o imaginava em grandes orgias sexuais, mudando de namorada a cada mês. Se ele chegasse dez minutos mais cedo em casa, ela concluía que, naquele dia, ele tinha se encontrado mais cedo com a namorada. Se ele chegasse dez minutos mais tarde, era porque ele ficou namorando mais tempo. Ela se torturava com esses pensamentos e a ele também, o que gerava muitas brigas entre o casal. Com dez anos de casamento ele teve um relacionamento extraconjugal, do qual ela teve conhecimento. O assunto foi tratado até com uma certa serenidade, considerando os conflitos antecedentes. Não houve sequer uma ameaça de separação por parte da mulher traída. Por um tempo esse assunto foi esquecido. Mais tarde, voltou, da mesma forma como era tratado antes de ocorrer a traição do marido. Ela o instigava periodicamente com insinuações ou mesmo acusações de estar traindo-a com diferentes mulheres.

É claro que temos aqui uma dinâmica conjugal com fantasias deliróides de ciúmes, que poderia servir para um estudo mais aprofundado, se levássemos em consideração o papel complementar do parceiro. Mas o objetivo aqui é demonstrar que, nem sempre, a queixa trazida pelo casal é o foco do problema. A desproporção entre a gravidade do fato ocorrido e a emocionalidade a ele ligada nos aponta um caminho de investigação, através do qual podemos chegar a certas motivações psicológicas desconhecidas pelos indivíduos, que não coincidem exatamente com a queixa por eles trazida.

Dessa percepção podemos extrair, pelo menos, dois significativos movimentos da psique. Um deles é que, independente da determinação e vontade do ego, certos elementos psíquicos são ativados, agindo como se tivessem vida própria e, aparentemente, sem ligação com o todo da personalidade. O outro movimento é que esses elementos estranhos à consciência são dominantes porque contêm uma carga de energia psíquica muito intensa e, com isso, acabam por possuir o ego, controlando-o, quando este se vê em situações em que seria necessário alguma forma de intimidade com tais elementos, que, por algum motivo, mantiveram-se desconhecidos e afastados da consciência. A esses conteúdos Jung deu o nome de *complexo*.

E assim o define: "É a imagem de uma determinada situação psíquica de forte carga emocional e, além disso, incompatível com as disposições ou atitude habitual da consciência. Esta imagem é dotada de poderosa coerência interior e tem sua totalidade própria e goza de um grau relativamente elevado de autonomia". (12)

Jung descreve vários atributos dinâmicos dos complexos inferidos a partir de suas manifestações. Um deles diz respeito ao fato de os complexos possuírem energia específica própria, o que permite a constelação de seus conteúdos na consciência de forma automática, não regulada pelo ego. "Toda constelação de complexos implica um estado perturbado de consciência." (12)

"Não obstante serem os complexos aspectos parciais da psique dissociados, isto não significa que sua natureza seja mórbida, e sim manifestações vitais próprias da psique" e que "determinam a estrutura da psique inconsciente". (12) Um outro dado importante é que a força com que o complexo invade o ego pode ser tamanha que chega a exceder a força do eu. Nessa situação, a inconsciência do complexo facilita a assimilação total ou parcial do eu, "resultando uma modificação momentânea e inconsciente da personalidade, chamada identificação com o complexo". (12) O temor e a resistência com que o indivíduo reage diante de alguma situação sugere que algum complexo foi atingido, o que levou Jung a dizer que a "via régia" para o inconsciente não seriam os sonhos, mas sim os complexos, responsáveis pelos sonhos e sintomas.

Jung, porém, nos adverte a respeito das dificuldades para percorrer este caminho. "Mesmo assim, essa via quase nada tem de régia, visto que o caminho indicado pelos complexos assemelha-se mais a um atalho áspero e sinuoso que, freqüentemente, se perde num bosque cerrado e, muitas vezes, em lugar de nos conduzir ao âmago do inconsciente, passa ao largo dele." (12)

## APLICAÇÃO DA TEORIA DOS COMPLEXOS NO DIAGNÓSTICO DO VÍNCULO CONJUGAL E NA ABORDAGEM DO CASAL

Jolande Jacobi fala de quatro possibilidades de comportamentos frente aos complexos: "a total inconsciência, a identificação, a projeção e a confrontação." (8)

O casamento pode ser considerado uma circunstância de vida que precipita o aparecimento e a possibilidade de se perceber melhor a manifestação dos complexos, dada toda a intimidade física e psíquica que esta situação propicia.

Na fase de decepção do relacionamento amoroso, em que a idealização do outro cai por terra mas os parceiros ainda têm esperança de restaurar os sonhos do casamento perfeito, encontramos nos casais, de forma mais explícita, a projeção de conteúdos de complexos dirigidos ao parceiro. Uma vez que os conflitos intrapsíquicos inconscientes são substituídos por conflitos interpessoais, o caminho para o confronto com material sombrio projetado torna-se mais acessível.

Isso ocorre porque o caminho natural da projeção dos complexos se esgotou na fase da paixão, ou seja, já se cumpriu a função criativa desse estado psíquico, que foi aproximar o conteúdo inconsciente da consciência, através da figura do outro.

No momento seguinte, cabe a uma personalidade madura reconhecer, distinguir e delimitar esses conteúdos como partes da própria psique, agregando-as ao ego. A energia que estava concentrada no complexo normal, presente na paixão, pode ser transferida para outras situações de vida, inclusive para outras áreas da relação conjugal, como requer um relacionamento em desenvolvimento.

Essa passagem, no entanto, é muito difícil e depende de uma série de fatores.

"Cada complexo é constituído, segundo definição de Jung, primeiro de um 'elemento nuclear' ou 'portador de significado'; estando fora do alcance da vontade consciente, ele é inconsciente e não-dirigível; em segundo lugar, o complexo é constituído de uma série de associações ligadas ao primeiro e oriundas, em parte, da disposição original da pessoa, e, em parte, das vivências ambientalmente condicionadas do indivíduo." (8)

Nessa afirmação, Jolande Jacobe deixa claro que na raiz da formação de um complexo encontra-se uma disposição arquetípica que, aliada às experiências pessoais, determinarão os caminhos através dos quais seus conteúdos se manifestarão.

A autora acima citada segue a concepção de Jung, citando-o. "Certos complexos são formados pelas experiências dolorosas ou melindrosas da vida individual... Disso resultam complexos inconscientes de caráter pessoal... Mas outra parte (dos complexos) provém de uma fonte muito diferente... No fundo, trata-se de conteúdos irracionais de que o indivíduo jamais era consciente antes e que, por isso, tenta em vão buscá-los em algum lugar na vida externa." (8)

Jacobi sintetiza : "...o complexo tem duas raízes (ele se baseia em eventos ou conflitos, quer da primeira infância quer da atualidade); duas naturezas (pode manifestar-se como um complexo 'doente' ou como um complexo 'sadio'); duas maneiras diferentes de manifestação (conforme o caso, pode ser julgado algo negativo ou algo positivo, sendo 'bipolar')." (8)

Mesmo que, na prática clínica, seja difícil perceber tais diferenciações, elas são importantes para as diferentes direções a serem tomadas durante o trabalho com os casais.

Assim, quando atendemos um casal que se apresenta com um determinado conflito, instaurado pela emergência de um complexo atual, desenvolvido dentro daquele relacionamento, a partir de uma situação conjugal específica, a forma de abordar esse casal será diferente da forma de abordar um outro casal cuja queixa tem raízes na dinâmica neurótica pessoal de cada cônjuge. O diagnóstico e o tratamento desses casos serão vistos nos capítulos V e VI.

Primeiro, vamos tratar dos casos em que os complexos surgiram a partir da dinâmica conjugal atual. O número de casais que chega aos consultórios de psicoterapia nessa circunstância é pequeno. Em geral, a condição emocional dos parceiros permite que eles próprios consigam, dentro de um espaço de tempo satisfatório, chegar a bom termo, quanto às soluções necessárias. Às vezes isso não é possível e buscam ajuda. Nesses atendimentos estamos diante de um casal que, além de buscar soluções para algumas situações específicas, esperam retirar desse trabalho uma compreensão de si e do outro, dentro de um sistema de troca afetiva-emocional, que poderá servir como referência para outras situações conjugais e individuais.

Nesses casos, o vínculo com o psicoterapeuta é mais fácil, pois não teremos que lidar com defesas mais profundas associadas a conflitos inconscientes de ordem neurótica. Aqui vamos lidar com alguma resistência em abordar certas concepções individuais que dão a cada parceiro a certeza em relação às suas posições.

Esses casais devem ser encaminhados no sentido de compreenderem o valor relativo do "ganhar" e do "perder" quando se trata de aceitar o ponto de vista do outro. "Perder" pode vir a constituir um grande ganho, pois se ganha em flexibilidade, se cresce internamente, pois se abre para outras possibilidades ainda não experimentadas; pode-se reconhecer certas limitações que poderão ser superadas. "Ganhar" vai além de ver o predomínio do seu ponto de vista. É reconhecer sua capacidade para discriminar certas situações que, para o outro, é mais difícil. Desenvolve a segurança e o prazer de ajudar o outro. Ganha-se autoridade no sentido de que suas opiniões são importantes e confiáveis. Essa troca entre os casais facilita a auto-expressão e, conseqüentemente, o reconhecimento e a aceitação de si e do outro. Os papéis de "ganhador" e "perdedor" não são estanques nessa relação, mas intercambiáveis de acordo com as circunstâncias.

Uma intervenção que ajude o casal a identificar e equilibrar as discrepâncias quanto ao poder de decisão na relação está contribuindo para o desenvolvimento da comunicação entre eles. O valor dessa melhoria é inestimável, considerando a extensão de sua aplicabilidade pessoal, conjugal, familiar, profissional, social etc.

A comunicação clara entre um casal para a solução de algum conflito depende em primeiro lugar da capacidade de ambos identificarem os interesses pessoais que estão por trás de cada posição e os sentimentos que aquela situação suscita. Raiva, medo, tristeza, insegurança etc., quando não discriminados, podem trazer para a relação um descompasso desnecessário.

### A FUNÇÃO INFERIOR COMO UM COMPLEXO SADIO DA PSIQUE NA COMPLEMENTARIDADE CONJUGAL

Ao nos aproximarmos dos diferentes interesses e sentimentos presentes nos conflitos conjugais, começamos a trabalhar com as diferenças individuais. Jung dedicou um profundo estudo aos tipos psicológicos. E, no trabalho com casais, principalmente quando os conflitos estão enraizados em complexos desenvolvidos a partir de situações mais atuais, o conhecimento dos tipos psicológicos e da dinâmica complementar conjugal que daí se origina tem sido de grande utilidade. Isso não significa que não nos reportemos a esse conhecimento em situações de maior complexidade. Porém, nesses casos, o foco de maior tensão está em outras áreas da relação. Mas mesmo assim é comum o nível de tensão diminuir quando o casal se abre para compreender o outro a partir desse enfoque, favorecendo o afrouxamento das defesas, o que pode facilitar a penetração nos núcleos mais problemáticos.

Vargas expandiu os estudos de Jung sobre os tipos psicológicos à problemática conjugal. Mostrou que os conflitos gerados pela diferença tipológica podem ser a "raiz ou o fator de agravamento" dos desentendimentos conjugais (18).

Que tipo de correlação podemos estabelecer entre os complexos e os tipos psicológicos?

Jung utiliza os tipos psicológicos como uma das referências para estudar a conduta humana. Esta é orientada pela disposição extrovertida ou introvertida da consciência, que se organiza para apreender e lidar com as diferentes circunstâncias da vida através de quatro funções: pensamento, sentimento, intuição e sensação. A psique contém todas essas possibilidades para seu desenvolvimento, e cada indivíduo, de acordo com sua constituição genética, ambiental, cultural etc., acaba organizando padrões de condutas, resultantes da combinação dessas disposições e funções da consciência.

A dinâmica da inter-relação desses fenômenos psíquicos é descrita por Jung desta forma:

> "a função de valor superior é, em geral, consciente e está submetida, de modo mais completo, ao controle da consciência e do objetivo mais consciente, enquanto as funções menos diferenciadas também são menos conscientes ou são em parte inconscientes, estando sujeitas, em muito menor grau, ao arbítrio consciente." (9)

Assim, Jung denomina função superior a via pela qual um indivíduo melhor se adapta ao seu meio. E através de dados empíricos observou que em oposição, e de forma compensatória, encravada no inconsciente, está a função inferior, com uma organização tosca, pouco elaborada, que, quando ativada, leva o indivíduo a se comportar de forma infantil e primária.

Dessa observação já podemos considerar a função inferior como um dos complexos sadios da psique. Outros paralelos podem ser traçados para demonstrar a categoria de complexo da função inferior. Por ser mais primitiva e inconsciente possui um grande grau de autonomia em relação ao ego. Faz a ponte para o inconsciente, portanto, pode ser considerada como uma via régia de acesso a ele. Podemos nos tornar altamente sensíveis e tiranos quando tocados nessa função. Qualquer crítica nos abala, se estiver cercada por muitas defesas. Outra característica importante é a carga emocional com que o indivíduo responde às situações em que se evidenciam condutas articuladas pela via inferior. (18)

Todas essas características são comuns, tanto em relação ao conceito de complexos, quanto ao da função inferior. O que nos leva a afirmar que a função inferior é um complexo sadio da psique, uma vez que faz parte da sua estrutura, em seu aspecto nato, arquetípico; em seu aspecto dinâmico contribui para o seu equilíbrio.

Para o objetivo deste trabalho, não cabe desenvolver um estudo sobre a dinâmica conjugal tomando como referência os tipos psicológicos. O objetivo aqui é tratar as diferenças tipológicas como fatores que favorecem o afloramento de conflitos conjugais, com base na interpretação de que tais conflitos surgem como expressão de movimentos sadios da psique. Às vezes, circunstâncias adversas da vida podem dar a essas diferenças tipológicas um cunho mais patológico do que tinham originalmente.

### CASO D — José e Amanda

Um casal, os dois com aproximadamente quarenta e dois anos, veio procurar ajuda psicológica para a família, que acabava de mudar do interior para São Paulo. Os dois filhos mais velhos estavam revoltados com essa mudança, resistindo a qualquer proposta que pudesse favorecer uma boa adaptação. O segundo filho estava apresentando sinais importantes de depressão.

A queixa dos filhos estava ligada à insatisfação com a mudança. A mãe dizia que, agora, ela estava podendo ver a falta de vínculo entre os membros da família, pois onde eles moravam isso ficava diluído em função das solicitações sociais. O pai se dizia perplexo diante da atitude dos filhos, mostrando um desconhecimento grande da personalidade deles. Esse homem trabalhava fora de sua cidade durante três dias da semana. Mas não era o fato de ficar fora de casa muito tempo que o impedia de conhecer melhor sua família, ou sua indiferença em relação a ela, mas principalmente sua característica tipológica.

Depois de um ano e meio de trabalho com a família, os pais iniciaram um processo de psicoterapia conjugal.

A decisão de mudar para a capital já era um prenúncio de um movimento conjugal contra um relacionamento amoroso meio estagnado. Era um casamento de um homem de personalidade tipo pensamento-extrovertido com uma mulher tipo sentimento-introvertido.

Durante muitos anos, a relação conjugal correspondeu a um padrão cultural: ele cuidava do sustento material da casa, de forma bastante satisfatória, tendo se tornado um excelente administrador e investidor dos negócios familiares. Ela, por sua vez, se encarregou de cuidar da vida doméstica, inclusive não compartilhando com ele a carga emocional inerente a essa situação.

Sentia-se sozinha na educação dos filhos, porém mostrava-se forte, não demonstrando sua necessidade de ajuda e até de amparo em certos momentos. Naquela família, não havia lugar para os fracos. Era esperado que cada um fosse vencedor de alguma forma. Ela também compartilhava dessa concepção e a sustentava, abafando seus sentimentos. Só que no seu fechamento estava contida uma variedade de sentimentos que às vezes apareciam na forma de choro e isolamento. O marido, acostumado a lidar com dados da realidade de forma objetiva e organizada, direcionando-se sempre para um alvo produtivo, "para frente e para cima", não tinha a menor idéia do que poderia estar acontecendo com a esposa. Ele se comovia, percebia seu sofrimento, porém se via completamente sem acesso àquele mundo que lhe era apresentado daquela forma. Sua atitude, em geral, consistia em deixá-la entregue àqueles sentimentos, até que a crise se esgotasse.

Como ela não conseguia lhe explicar de forma clara e objetiva o motivo que a deixava naquele estado, ele muitas vezes se sentia acusado e exigido de uma forma que ele também não conseguia definir, já que segundo seus critérios de valor ele não estava falhando.

Essa dinâmica impedia o casal de desenvolver intimidade e cumplicidade. E essa foi a queixa básica trazida por eles, pois essa falta interferia em várias áreas de seu relacionamento, desde a sexualidade até a educação dos filhos.

Tanto a mudança de cidade quanto a conduta dos filhos adolescentes, que passou a fugir do controle de ambos, e também a psicoterapia familiar, foram exigindo que eles se posicionassem de forma diferente diante de seus sentimentos e um diante do outro.

Foi possível ver as dificuldades de cada um para lidar com suas funções inferiores durante as sessões familiares. No começo, a resistência era maior, mas, com o passar do tempo, foram percebendo que, apesar do receio, da vergonha, eles estavam cada vez mais dispostos a se confrontarem com seus limites e desejos. Vir para São Paulo era a expressão dessa busca, pois estavam fugindo de muitas amarras sociais e familiares, presentes na cidade em que moravam. Aos poucos, foram percebendo que essas amarras estavam neles próprios, e com isso começaram a apreciar a luta que iniciaram em relação ao subdesenvolvimento de certos aspectos de suas personalidades.

Sem sombra de dúvidas, podemos concluir que estávamos trabalhando com um casal cuja relação vinha constituindo um caminho para a individuação de ambos. Interpretando Vargas, podemos dizer que nessa relação os opostos tipológicos permitiram uma vivência dialética criativa, em que um ajudou o outro a desenvolver-se naquilo que cada um tinha de menos desenvolvido, ou seja, na sua função inferior, o que gerou um predomínio menor da função superior. (18)

Foi muito gratificante acompanhá-los nessa descoberta e também perceber a alegria e a curiosidade com que eles passaram a se experimentar, um em relação ao outro, e também buscando fazer o mesmo em outras situações de vida.

Eles próprios se surpreenderam com a atitude de José, ao se dispor a ficar todos os dias com Amanda no hospital, por ocasião de uma cirurgia a que ela foi submetida. O que eles relataram foi que ele, inclusive, teve que lutar por esse espaço, já que os parentes e as amigas insistiam em ficar com ela. Uma percepção interessante, que ajudou José a entender melhor sua antiga conduta com sua família, foi analisar a insistência de sua mãe para substituí-lo no hospital, uma vez que ele tinha que trabalhar. Atitudes como cuidar, compartilhar, não eram para ele. A ele estava reservado produzir, negociar etc. Portanto, vemos claramente uma pessoa que encontra no seu meio ambiente muita aprovação em relação a tudo que diz respeito à sua função superior. Realmente, é preciso muita coragem para se apresentar ao mundo pelo avesso.

Amanda, por sua vez, surpreendeu-o com sua pesquisa no mercado imobiliário, o que a levou a adquirir um imóvel que ele julgou um bom negócio. Mas, mais do que isso, pôde aceitar que o maior valor estava no fato de ela ter ficado feliz com o que escolheu, independente do valor favorável a ser pago. Ela providenciou os documentos necessários para a transação e sentiu-se motivada a cuidar desse assunto, que antes era da alçada dos homens da família.

Assim, podemos considerar que a função inferior, ao ser conscientizada, melhor compreendida e melhor situada na vida de uma pessoa, passa a ser um complexo egóico, do qual a pessoa tem mais controle. Observa-se o alívio que as pessoas experimentam quando percebem que não se sentem inferiores ou incompetentes quando solicitadas a responder via função inferior. O ganho, para um casamento cujos cônjuges buscam esse nível de desenvolvimento individual, é enorme. Evitam conflitos em que estão em jogo essas diferenças tipológicas e, com isso, também evitam um estresse da relação no dia-a-dia, fortalecendo-se como casal para enfrentar eventuais situações mais graves. Quando um casal está paralisado nessas diferenças de personalidade, elas ficam exacerbadas quando têm que resolver problemas de ordem mais complexa, tornando a resolução mais penosa.

Um exemplo simples, em que esse reconhecimento e aceitação das diferenças tipológicas foram bem encaminhados veio de um casal cujo marido era um tipo de personalidade sentimento-introvertido e a esposa, intuição-extrovertida. Ela pediu que ele fizesse uma troca de mercadoria numa loja, já que ela não teria tempo para isso. De acordo com sua tipologia, essa situação é típica: faz muitas coisas,

51

exerce muitas atividades na vida, e nem sempre dá conta de todos os projetos. Ele, sem acusá-la de querer explorá-lo ou de sua mania de compras, porém respeitando seus próprios limites, mostra o quanto essa tarefa é difícil para ele e se recusa a fazê-la. Se essa diferença tipológica não estivesse tranqüila para eles, é provável que tal situação tivesse um outro desenlace. Por exemplo, ele, talvez pressionado, fosse fazer o que lhe foi pedido, porém com raiva e se sentindo explorado. É possível que ela não ficasse satisfeita com o resultado da troca feita por ele, e poderia acusá-lo de ter feito com má vontade, e daí o conflito já estaria formado, indispondo-os em relação a outras situações.

Muitas situações banais como esta são apresentadas pelos casais, e a partir delas vamos identificando os conteúdos latentes que geram os conflitos. É freqüente nos depararmos com a mesma dinâmica conflitante, nas mais diversas situações.

É raro encontrar casais com uma problemática tão circunscrita à questão tipológica. Essa, no entanto, pode trazer à tona e evidenciar um complexo que, numa outra relação que não a conjugal, talvez não se pronunciasse.

A diferença tipológica, porém, pode conter tanto o germe da paralisação quanto o do desenvolvimento de um casal.

"Nossa função inferior encerra a atitude e a função em direção às quais a personalidade deve caminhar para completar o seu desenvolvimento e formar um todo, ao completar numa 'mandala' tipológica, a totalidade da vida." (18)

Caso isso não ocorra, essa relação pode ser a responsável pela formação de complexos inconscientes, ligados à função inferior de cada parceiro, que, inicialmente, continha a possibilidade do desenvolvimento. Quando esse não ocorre, essa função será sobrecarregada com outras possíveis vivências, também não assimiladas por essa conjugalidade.

Por exemplo, outros complexos também sadios da psique, como a *anima* e o *animus*, podem entrar nesse emaranhado psicológico e ser engolidos pela sombra, com a qual a função inferior pode estar identificada.

# V

# O DESENVOLVIMENTO DA ANIMA E DO ANIMUS

## A FUSÃO DOS COMPLEXOS
## NO DESENVOLVIMENTO E NA PATOLOGIA

Von Franz afirma:

"...os complexos da psique humana não são apenas um aglomerado de partículas, mas que eles se influenciam ou se dominam mutuamente, e que sua centralização se deve ao arquétipo do Si-mesmo. Se isso é verdade, então é concebível que um influencie o outro, e que os complexos possam também fundir-se uns com os outros." (21)

Sendo os arquétipos da *anima* e do *animus* os maiores responsáveis pelos relacionamentos amorosos, podemos vislumbrar a complexidade psicológica que envolve a escolha dos parceiros e a manutenção de uma relação quando esses arquétipos se encontram presos e contaminados pela sombra. O grau dessa contaminação pode estar diretamente relacionado à não humanização desses complexos ao longo do desenvolvimento.

A que processo psicológico estamos nos referindo quando falamos de humanização dos arquétipos *anima-animus*? Que caminho um homem tem que percorrer para humanizar e desenvolver sua *anima*? E a mulher, em relação a seu *animus*?

Para Jung, a *anima* inicia seu desenvolvimento a partir da identificação parcial do homem com sua mãe. E a raiz do desenvolvimento do *animus* está na identificação parcial da mulher com seu pai (13). Portanto, é possível que, durante um período do desenvolvimento, as experiências ligadas ao arquétipo da Grande-Mãe contenham as experiências da *anima*. Nesse período de indiscriminação, a mãe é o objeto que estabelece a conexão entre esses dois arquétipos. Podemos pensar que o mesmo processo ocorre em relação às primeiras experiências de *animus*, quando a psique ainda vivencia um

53

estado de ego-identidade incipiente, o arquétipo do *animus* não se constela como uma unidade separada e discriminada, assim como outras vivências psicológicas. Nesse período do desenvolvimento, é a figura do pai que constela na filha o princípio masculino, estando o arquétipo do Pai e *animus* fundidos no inconsciente como experiência objetal.

Daí a importância fundamental de a criança ir gradualmente retirando dos pais pessoais a projeção de Pai e Mãe arquetípicos. O desenvolvimento dos arquétipos da *anima* e do *animus*, na sua expressão mais plena, está relacionado diretamente ao descolamento da experiência arquetípica do materno e paterno dos pais pessoais, como seus únicos portadores, para outras situações. A energia psíquica que reflui desse movimento ajuda na busca de novos humanizadores tanto para os arquétipos da Grande-Mãe, do Pai, e principalmente da *anima* e do *animus*, agora não mais fundidos aos dois primeiros. *Anima* e *animus* ganham independência em relação aos arquétipos da Grande-Mãe e do Pai e, junto com seus humanizadores, dão ao indivíduo a perspectiva de algo novo e criativo para sua vida.

Encontramos em Stein as possíveis conseqüências, quando esse processo acima descrito não ocorre.

> "Se as projeções arquetípicas não forem por fim retiradas dos pais, o indivíduo tenderá a cair seja no papel de filho ou no de progenitor arquetípico em todos os relacionamentos que vier a estabelecer — razão pela qual ser-lhe-á extremamente difícil conhecer a experiência de uma relação individualizada e igualitária com quem quer que seja. Esta é uma das mais graves conseqüências do que os psicólogos denominam fixação materna ou paterna." (17)

Buscando compreender os sintomas conflitivos nos relacionamentos conjugais dentro desses quadros, podemos estabelecer uma conexão entre as experiências ligadas ao arquétipo da Grande-Mãe, do Pai, da *anima* ou *animus* e a sombra, receptáculo psíquico para material e experiências psicológicas ainda não elaboradas ou mal elaboradas no nível da consciência. A contaminação e até a fusão entre os complexos colocam os indivíduos em situações confusas, em que eles próprios ficam sem referências objetivas para se organizar diante da dor que vivem, e das quais muitas vezes são os causadores.

Desmanchar o nó górdio é tarefa artesanal para analista e paciente. Nesses casos, a presença do cônjuge pode ser facilitadora, na medida em que sua postura, suas respostas nos dão muitas informações a respeito de quem é quem na relação e de como os complexos fusionados de um se aliam aos do outro. Da análise dessa complementaridade podemos discriminar como os complexos materno, paterno, da *anima* e do *animus* se alojam na sombra, passando a constituir conteúdos sombrios da psique e se influenciando mutuamente, formando a sombra conjugal.

E o que dizer da natureza da *anima* e do *animus*? Jung nos legou um campo de estudo maravilhoso ao abrir sua compreensão para esse fenômeno psíquico, cuja fenomenologia ainda nos confunde, abrindo espaço para muitas críticas. Em algumas passagens de sua obra, ele associa a manifestação desses arquétipos a comportamentos culturais de sua época. Comportamentos ditos masculinos e femininos foram associados à natureza dos homens e mulheres, respectivamente, e com essa perspectiva passou-se a definir, em parte, os conteúdos dos arquétipos contra-sexuais nos indivíduos.

## DINAMISMO MASCULINO E FEMININO

Ser homem é diferente de ser mulher, tanto no que se refere aos comportamentos biológicos quanto psicológicos. Só para simplificar, é muito diferente nascer e se desenvolver com um pênis ou com uma vagina. Sem dúvida, a psicologia do homem é diferente da psicologia da mulher. Porém, ser masculino não é propriedade do homem, mesmo sendo ele que reúne mais condições biológicas, psicológicas e socioculturais de intimidade com esse princípio. O mesmo podemos dizer do princípio feminino. Trata-se de um dinamismo presente tanto no homem quanto na mulher, porém, guarda com essa última tanta intimidade que faz dela a grande portadora desse dinamismo (18).

Corroborando essa idéia, escreve Stein:

> "Masculino e Feminino são qualidades da personalidade humana comuns a ambos os sexos. Porém a natureza do homem tende a ser mais arraigada num espírito Fálico, enquanto a da mulher tende a emergir de um espírito Uterino." (17)

Stein busca definir essas diferentes manifestações do comportamento humano da seguinte forma: "Se de um lado o desejo do espírito Uterino é ser penetrado, receber e abraçar, o de Phallos é sempre penetrar num reino desconhecido. Phallos é portanto fundamental para toda e qualquer iniciativa humana." (...) "Ao mesmo tempo, este é um espírito em constante movimento: curioso, impulsivo, explosivo, ousado mas incapaz de comprometimento; transbordante de alegria com seu próprio poder e pronto a usá-lo contra tudo o que ameace detê-lo, sem a menor preocupação de cultivar e nutrir relações humanas — exceto se temperadas e contidas por Eros." (17)

A partir dessa descrição, fica claro que, mesmo sendo o pênis o grande representante de Phallos, o espírito fálico não é propriedade exclusiva do homem, assim como o espírito uterino também não o é da mulher. Como característica de personalidade podemos encontrar o predomínio de um desses princípios tanto em homens como em mulheres, numa inter-relação harmoniosa com o outro princípio, menos preponderante. É fundamental estarmos abertos para nos relacionar com Phallos, de onde retiramos energia para nos mover em direção a novas construções. Por outro lado, sem o espírito uterino, nada pode ser contido, criando um vácuo estéril. O domínio de um desses princípios às custas da repressão do outro impede o desenvolvimento de caminhos criativos na resolução dos conflitos da alma inerentes à condição humana.

No entanto, parece inegável que esses princípios interferem de forma diferente ao longo do desenvolvimento de homens e mulheres, estruturando simbolicamente suas personalidades dentro da dinâmica masculino-feminino.

Encontramos mais uma vez em Stein uma formulação que nos parece esclarecedora:

> "A impotência — mental, espiritual e física — é conseqüência da incapacidade masculina de acolher Phallos. Nada poderá alterar sua sensação básica de inadequação enquanto o homem não superar o medo de Phallos, quando esse começa a agitar-se e erguer-se numinosamente na raiz de seu ser. Para uma mulher é diferente. Enquanto se sente ligada à suavidade e à receptividade de seu útero, ela se sente mulher por inteiro — a não ser que sua alma não se satisfaça em viver apenas o feminino arquetípico. Mesmo assim, a mulher que tem necessidade de pensar criativamente, de libertar-se espiritualmente da dominação masculina e de individuar-se, sentir-se-á inadequada e não realizada enquanto não permitir ela própria que a plena potência de Phallos penetre em sua consciência. Todavia, uma mulher pode levar por muitos anos uma vida relativamente plena — ainda que inconsciente — até ver-se forçada a enfrentar seu medo de Phallos. Já um homem, não. Para ele, isso é essencial à sua iniciação na virilidade." (17)

Assim, dentro dessa perspectiva mais ampla em relação aos dinamismos masculino e feminino, é que muitos autores junguianos continuam fazendo referências às mulheres como personificação do arquétipo da *anima* para os homens, como representantes de seu feminino arquetípico; assim como os homens personificam o arquétipo do *animus* para as mulheres, simbolicamente tomados como o masculino arquetípico. Isso ocorre mesmo quando, teoricamente, questionam a formulação conceitual desses arquétipos originalmente postulada por Jung.

Os nossos caminhos estão irremediavelmente ligados ao mundo dos arquétipos. Humanizá-los faz parte de nosso processo de individuação, e é um desafio para o ego estruturar-se conciliando as forças arquetípicas do mundo interno e as forças coletivas do mundo externo. Estamos tão impregnados dos valores coletivos patriarcais que tomamos emprestados os modelos culturais de conduta de homens e mulheres como a verdadeira natureza dos mesmos, a ponto de deixar que esses valores interfiram em nosso relacionamento com os arquétipos da *anima* e do *animus*, determinando o tratamento que lhes dispensamos. Assim, a forma como um homem se relaciona com uma mulher revela a forma como ele se relaciona com sua *anima*, e viceversa. O mesmo vale para a mulher, em relação ao seu *animus*. Essa interferência mútua entre esses dois mundos sobrecarrega o trabalho do ego na estruturação da nossa personalidade, sendo um verdadeiro herói no processo do desenvolvimento.

O dinamismo patriarcal nos impõe um modelo relacional maniqueísta, tanto em relação ao outro como em relação aos nossos próprios conteúdos psíquicos. A psicoterapia conjugal é uma tentativa do homem moderno de se encaminhar na direção do dinamismo de alteridade, promovendo um tipo de relacionamento igualitário e dialético entre o eu e o outro, que nessa abordagem é o cônjuge. Esse outro também pode ser o outro dentro de mim, o inconsciente, o estranho, a *anima* ou o *animus*.

Podemos encontrar em Samuels um posicionamento mais atual em relação a esses arquétipos formulado do seguinte modo:

"...*anima* e *animus* provocam imagens que representam um aspecto inato de homens e mulheres — aquele aspecto deles que é, de certa forma, diferente do modo como funcionam conscientemente; um outro, estranho, talvez misterioso, porém certamente cheio de possibilidades e potencialidades. Mas por que a ênfase no 'sexo oposto'? Porque o homem irá, muito naturalmente, imaginar o que é 'outro', para ele, sob a forma simbólica de uma mulher — um ser com outra anatomia. A mulher irá simbolizar o que é estranho ou misterioso para ela em termos do tipo de corpo que ela mesma não tem. Na verdade, a sexualidade do oposto implica na psicologia do oposto; a sexualidade é uma metáfora para isso." Para esse autor, essas estruturas fazem a "conexão da pessoa como ela é (ego) com aquilo que ela pode vir a ser." (16)

A forma como esses arquétipos se manifestam em cada homem ou mulher depende da psicologia de cada indivíduo.

## CASO E — Paulo e Ada

*O casamento como um caminho para
a resolução da ferida do incesto.*

O caso clínico que passaremos a apresentar será ilustrado a partir de um sonho de Paulo, que desvela não só a dinâmica conjugal como também a sua condição psicológica.

O sonho ocorreu uns três meses após o início do nosso trabalho e foi assim descrito: "Eu e minha mulher corríamos dentro de um curral, cujo chão era meio fofo. Vinha uma vaca preta, com chifres. Ada corria na frente e pulou um muro alto, preto, e me olhava com irritação, como se eu estivesse muito parado e ela pensando que qualquer um já teria facilmente pulado. Eu iria pular, mas estava querendo segurança para pisar naquele chão".

Este sonho revela, no plano arquetípico, um conflito entre os arquétipos da *anima* e da Grande-Mãe, que já se pronunciara, no plano pessoal, através de uma imagem que Paulo construiu logo na primeira sessão da terapia do casal. Ele se propôs montar uma imagem que pudesse, de alguma forma, representar algum aspecto daquele relacionamento, mas que não era a sua imagem, mas a "imagem que ela faria".

Eis a imagem: Ada andando depressa, a passos largos, e ele tentando segurá-la pelo braço para que ela andasse mais devagar e ele então pudesse acompanhá-la. Nessa imagem, Ada continua andando, e ele, então, pára e desiste de continuar. Ela se mantém de costas e não o vê. Chora e diz que se sente sozinha na luta. Quando Ada se vira para Paulo, constata que essa é a situação da qual ela não gosta: essa diferença entre os dois. Paulo argumenta que apesar dessa diferença ele está ali, não vai embora, que lhe dá carinho e amor. Ada se deu conta do tamanho de sua pressa e percebeu que o marido investia muito mais na área afetiva do relacionamento do que ela, que nesse momento da vida canalizava a maior parte de sua energia para sua profissão. Tanto o sonho quanto essa imagem mostram que o espírito fálico está ou é mais predominante na esposa e o espírito uterino no marido. Essa poderia ser uma condição sadia na personalidade de ambos. Porém, o sofrimento deles e o conflito consciente e inconsciente nos alertam para a necessidade de uma compreensão mais profunda dessa situação.

Uma hipótese pode ser levantada com relação à psicologia do casal: *anima* e *animus*, vistos através dessas representações do inconsciente, podem estar vinculados a outros complexos no inconsciente. Necessitam, portanto, de um trabalho psicoterápico que promova essa distinção entre a *anima* e o *animus* e os outros complexos.

58

Em relação a Paulo, tudo indica que sua *anima* tem que ser libertada da influência destrutiva do arquétipo da Grande-Mãe, que, sombriamente, vem consumindo-o ao longo de sua vida, como acabamos por constatar através de sua história pessoal.

Ele comenta que Ada lembra muito sua mãe, que era exageradamente autoritária e agressiva, e que sempre o subjugou, tentando fazer dele o seu par. Sua mãe esteve sempre entre ele e seu pai, ofuscando-o e desvalorizando-o por considerá-lo intelectualmente inferior. Paulo sim, correspondia aos ideais ambiciosos da mãe: era inteligente, tinha uma escolaridade e uma conduta social exemplar. Morou com os pais até a morte da mãe, quando conseguiu mudar para um apartamento que havia adquirido algum tempo atrás. Mas o medo de decepcioná-la fez com que não se mudasse.

Havia sido noivo várias vezes, mas depois de um tempo se desinteressava pela pessoa. Com Ada foi diferente, porque foi ela quem definiu o casamento quando percebeu que queria tê-lo como marido. Ele comenta que se passasse aquele momento talvez não se casassem. Assim como decorar um apartamento com uma certa sofisticação, fazer a viagem de lua-de-mel para a Europa foram muito mais em função dos desejos da esposa, pois sozinho não pensaria em fazer nada disso.

No momento que eles vieram buscar ajuda, a queixa de Ada era que ele era muito passivo, inseguro e dependente dela. A firma de locação de automóvel de Paulo faliu logo que se casaram e ela disse que percebia uma certa indiscriminação da parte dele quanto à forma de organizar e gerenciar seu negócio. Depois da falência ele se acomodou dando algumas aulas e escrevendo uma tese interminável, que consumia todo seu tempo e ao mesmo tempo protegia-o de se aventurar em novas conquistas profissionais. Ele era pressionado por ela e se sentia pouco compreendido no seu caminho. Ada se mostrava completamente diferente, estava sempre buscando novas atividades, tanto para seu desenvolvimento profissional quanto para melhorar sua remuneração mensal, que naquele momento era necessária para o casal.

Stein escreve que "a mãe inibe Phallos" (18). O sonho de Paulo mostra como ele está se movendo no campo arquetípico materno. O terreno é fofo, portanto é macio e não machuca os pés, mas não dá a sustentação necessária para as grandes lutas da vida.

Jung se preocupou em estabelecer paralelos significativos entre as vicissitudes da libido, o surgimento do herói como entidade psíquica, ligados à libertação do mundo materno para a formação de uma personalidade adulta. Ele buscou, como referências para esses paralelos, histórias mitológicas de várias origens étnicas, que podem ser consideradas um arcabouço teórico psicoantropológico de seu pensar. Ele escreveu:

> "O herói é um tipo ideal de vida masculina. O filho abandona a mãe, a fonte de sua vida, impelido por uma nostalgia inconsciente de reencontrá-la para voltar a seu seio. Todo obstáculo que se ergue no caminho de sua vida e ameaça sua ascensão tem veladamente os traços da terrível mãe, que com o veneno da dúvida secreta e do recuo inibe sua coragem de viver; e em cada vitória ele reconquista a mãe sorridente, doadora de amor e vida." (13)

Em outro parágrafo, ele escreve que a neurose pode ser fruto de uma convivência excessiva de dependência no meio familiar, dando origens a temores que vão se tornando cada vez maiores para enfrentar as lutas normais da vida.

A função da *anima* e do *animus*, quando livres para se constelarem na psique do indivíduo, ajudam-no como forças instintivas necessárias e imprescindíveis para se libertar de forças inconscientes ligadas às vivências infantis, e daí promover uma melhor adaptação consciente. Ainda em Jung:

> "A exigência do inconsciente, a princípio, age como um veneno paralisante sobre a energia e a iniciativa, razão por que pode ser comparada à picada de uma serpente venenosa. Aparentemente, é um inimigo demoníaco que rouba a energia, mas na realidade é o próprio inconsciente cuja tendência diferente começa a impedir a iniciativa consciente. A causa desse fenômeno muitas vezes é bastante obscura, tanto mais porque se complica com inúmeras circunstâncias, condições ou causas secundárias, como, por exemplo, com tarefas externas difíceis, decepções, insucessos, com a diminuição da resistência pela idade, com problemas familiares que compreensivelmente causam depressões etc. (...) seria a mulher que secretamente paralisa o homem, que não mais pode libertar-se e volta a ser criança junto a ela." (13)

Podemos ver o funcionamento psicológico de Paulo dentro dessa dinâmica. A posição que ele ocupa no sonho revela o conflito entre manter-se ligado às forças primitivas maternas, que ameaçam prendê-lo paralisando seu desenvolvimento, e o medo de seguir sua esposa-*anima* intrépida e destemida para arriscar-se numa aventura nova, de possibilidades imprevisíveis.

Uma interpretação simbólica desse sonho pode ser encontrada em Jung:

> "a libido progressiva, que domina o consciente do filho, exige separação da mãe; mas a isto se opõe a saudade da criança pela mãe, sob a

forma de uma resistência psíquica, que na neurose se expressa através de inúmeros temores, isto é, o medo da vida. Quanto mais o indivíduo foge da adaptação tanto mais aumenta seu medo, que então o acomete em todas as oportunidades e em grau cada vez maior, impedindo-o. O medo do mundo e dos homens causa um recuo maior, num círculo vicioso, o que leva ao infantilismo e à volta 'para dentro da mãe.'' (13)

Uma interpretação prospectiva desse sonho é possível, pois fica clara a presença do movimento progressivo da libido atuando no nível do inconsciente através da figura da *anima*. O ego-onírico do sonhador registra que ele vai pular, que ele vai correr o risco que a situação conflitante lhe impõe, apesar da insegurança.

Um outro símbolo importante, que aparece no sonho e contribui para essa interpretação, é o "pisar".

"Não só os pés, mas também a ação deles, o pisar, parece ter significado de infertilidade." (...) "A regressão da libido faz com que no ato ritual da dança os passos sejam quase uma repetição do 'espernear' infantil. Este último está associado à mãe e à sensação de prazer, e ao mesmo tempo representa o movimento que já é executado na vida intra-uterina. O pé e o ato de pisar têm significado gerador, isto é, a reentrada no ventre materno; portanto, o ritmo da dança coloca o dançarino num estado inconsciente." (13)

Quando Jung fala de uma reentrada no ventre materno está também se referindo à possibilidade de um segundo nascimento, que, do nosso ponto de vista, pode ser a possibilidade da cura da ferida do incesto. O ego, herói de todas essas lutas, não sucumbe à regressão da libido, e sai renascido depois de vencer a guerra contra o monstro de dentro.

Assim, esse sonho aponta para a possibilidade de renascimento desse homem através da libertação das forças opressoras maternas e da integração de sua *anima*.

"O herói não nasce como um simples mortal, porque seu renascimento representa um renascimento a partir da esposa-mãe." (...) "a *anima* aparece primeiro na figura da mãe e depois se transfere desta para a amada." (13)

Essa transferência pode ser a partir de um renascimento simbólico, num trajeto de idas e vindas da libido encarregada de unir e separar o sujeito dos objetos em que se projeta, tantas vezes quantas forem necessárias, para então emergir uma individualidade.

Mas essa transferência também pode ocorrer como nessa relação conjugal: contaminada pelo complexo materno, levando o marido a estabelecer com a esposa uma relação de resistência e temor, da mesma forma que no sonho ele se relaciona com sua *anima*. No sonho, ele sente a esposa irritada com ele, julgando-o. A imagem por ele construída também mostra essa dinâmica inconsciente. Ele se paralisa enquanto a mulher continua andando.

A contaminação do arquétipo da *anima* pelo complexo materno, fazendo com que esse homem viva sombriamente experiências que deveriam ser a alavanca para seu desenvolvimento psicológico, mostra a relação entre a repressão e o mundo dos instintos, abrangendo outras formas de expressão psíquica além da sexualidade.

Uma outra formulação de Jung corrobora essa interpretação dada ao sonho, possibilitando-nos maior consistência à compreensão do caso, assim como à condução clínica do mesmo:

> "A regressão causada pela repressão dos instintos sempre leva ao passado psíquico e, com isso, também à fase da infância, em que os poderes decisivos aparentemente e em parte também realmente foram os pais. Mas além dos pais entram em jogo também os impulsos dos instintos inatos, o que se depreende da influência diferente que os pais exercem sobre seus filhos: os filhos reagem de maneiras diversas à influência dos pais. Possuem, portanto, determinantes individuais. Para o vazio do consciente infantil deverá parecer, naturalmente, que todas as influências determinantes provêm de fora. A criança não sabe distinguir seus próprios instintos da influência e da vontade dos pais. A incapacidade de discernimento da criança faz com que os animais que representam os instintos sejam ao mesmo tempo atributo dos pais e que os pais apareçam em forma de animais, o pai como touro, a mãe como vaca etc." (13).

Qual é a saída para esse homem via casamento? Da relação incestuosa com a mãe sobrou um feminino duro, crítico, exigente, castrador, que despotencializou a energia fálica do filho, que também não pode encontrar na figura do pai uma experiência positiva do arquétipo paterno. Seu pai tinha todas as características de uma personalidade que também rejeitou Phallos. Subjugado pela força da mulher, não conseguiu estabelecer com o filho um tipo de cumplicidade própria dos homens, abandonando-o, covardemente, num campo de batalha onde ele próprio se deixou derrotar. O filho teria que fazer essa luta por ele. E isso foi feito. Esse mesmo padrão arquetípico se constelou na relação com a esposa.

Constatamos mais uma vez o caráter numinoso inerente aos arquétipos e sua forte interferência nas escolhas amorosas, como podemos constatar nesse casal. Já nos primórdios da psicologia analítica, Jung escreveu:

"...ele (o arquétipo) age de modo fascinante, opondo-se eficientemente ao consciente, e a longo prazo até forja destinos através de influências inconscientes, sobre nosso pensar, sentir e modo de agir." (13)

Esse homem, não podendo apropriar-se de seu espírito fálico, que foi engolido na relação materna, projeta-o na mulher, que vem a ser representante de sua *anima*. A partir desse movimento psíquico, inicia-se a grande batalha dessa grande guerra que vem sendo sua vida, apesar de ter estado por muito tempo inconsciente a respeito. Sua *anima* é predominantemente fálica. Fazendo uma retrospectiva de sua vida, ele percebeu que só ganhou dinheiro quando não estava com alguma mulher. Que sempre que esteve afetivamente envolvido com alguém ele não crescia financeiramente. Eros e Phallos não se harmonizam nessa personalidade. Nunca se harmonizaram no casal parental. E esse mesmo padrão se repete na sua dinâmica conjugal. Na união com uma mulher, sua energia fálica fica por ela despotencializada e o caminho no sentido da sua individuação é resgatá-la, de tal forma que Eros, predominante em sua personalidade, acolha e humanize Phallos. O que não foi possível viver na relação parental terá que ser vivido na relação conjugal.

Tarefa difícil. A escolha do cônjuge e o conflito estabelecido nessa relação apontam para a necessidade de acabar com essa cisão. É uma questão de vida ou morte psicológica. O destino do homem é sempre moldado no ponto em que reside o seu medo, segundo Frances Wickes (23). Assim, o tipo de escolha que ocorreu nessa relação foi o primeiro passo nessa direção, por mais estranho que possa parecer. Essa esposa, com seu tipo de personalidade, não facilitará nem um pouco esse caminho para ele, e vice-versa. Esse casamento pode ser um caminho criativo, apesar de todas as dificuldades já vislumbradas, pois ambos podem viver na relação com o outro experiências simbólicas que servirão de ponte entre os dois mundos: consciente e inconsciente. Através da união com o cônjuge será possível uma união com partes da própria psique.

Situação semelhante se aplica à condição psicológica de Ada. Ao trazer sua queixa em relação ao marido, expressa a profunda decepção causada logo após o casamento, quando a situação econômica dele ficou completamente destruída, a ponto de chegar à falência. O casamento inicialmente realizou todos os seus sonhos, inclusive com lua-de-mel na Europa. Tinha a sensação de estar se casando com um príncipe. Logo, tinha desejos de ser e viver um conto de fadas como princesa. Na sua história de vida, sofreu uma perda muito importante. Perdeu seu pai aos treze anos de idade. O relacionamento com a mãe era difícil, e ela se fechou para o mundo naquela época.

Segundo sua percepção, ficou estagnada por um tempo. Depois de um tempo de análise deu uma virada na sua vida, e seu lema passou a ser: "Vencer ou desistir". Mas o primeiro se tornou muito forte. E ela passou a se exigir que tudo tinha que dar certo. Portanto, uma das coisas que mais a irritava com relação ao marido era que para ele algo poderia dar certo como poderia dar errado, e isso era aceitável. Ada tinha irmãos mais velhos, com personalidades fortes, desafiadoras, chegando à agressividade. Características que admirava. Ganhar no grito era algo que ela valorizava. O registro que tinha de seu pai era de um homem com atitudes semelhantes às que via em seus irmãos. Era clara a ligação com os irmãos enquanto modelos de homem, e com os quais mantinha certa atitude competitiva. O marido se ressentia pela desvalorização que sofria nessa relação triangular: ele-ela-irmãos.

Durante o nosso trabalho, Ada fez a seguinte imagem para representar sua concepção sobre o que seria uma relação homem-mulher. Construiu essa imagem em dois momentos. No primeiro, eles estariam de costas um para o outro, o que significava que cada um estava naquele momento cuidando das suas próprias coisas. E, num segundo momento, eles se voltariam um para o outro e trocariam suas experiências.

Os sentimentos do marido sobre essa imagem correspondiam aos da vivência conjugal. Ela de costas para ele, mesmo quando ao lado dele fisicamente. Ressentia-se com a indiferença dela por seu trabalho, pelo tema da sua tese. Enquanto ele se interessava por várias situações que diziam respeito a seu trabalho, lia livros relacionados com a profissão dela etc. Sentia uma ausência afetiva na relação com a esposa, sempre voltada e preocupada com os objetivos externos criados por ela como alvos que eram desafios que deveriam ser alcançados. Por isso a atitude realista dele de aceitar que algo poderia ou não dar certo a irritava bastante.

Explorando melhor aquele primeiro momento, um de costas para o outro, Ada registra uma sensação de peso sobre si. Paulo, por sua vez, coloca que estava tentando resistir ao peso que ela fazia sobre as suas costas. Dessa imagem passamos a explorar corporalmente o peso de um sobre o outro. Ela se instalou nas costas dele, que a acolheu, e lhe deu a sustentação desejada, levando-a a se sentir segura. Quando foi a vez de ele experimentar se apoiar nas costas dela, ele não conseguiu sentir-se confortável. Ada então comenta que não vai dar folga para ele, que ela não vai deixar ele se encostar nela, não vai ajudá-lo mais.

Sente que ele tem uma dívida para com ela. Não uma dívida afetiva, já que é leal, amoroso. Mas em relação às suas expectativas frustradas. A figura do príncipe projetada nele pode ser compreendida como a busca do perfeito: do casamento de Eros acolhedor com Phallos potente.

A imagem que Ada construiu pode ser interpretada como se ela estivesse dando as costas para aspectos de sua psique. Nesse caso, a sombra é simbolizada através dessa expressão corporal. Seu *animus* representado ali pela figura do marido comporta também aspectos sombrios, que no desenrolar da sessão foram percebidos como algo pesado, que ela não desejava acolher. Ela não estava podendo acolher o outro que é portador de um dinamismo diferente do seu, nem o outro dentro dela, negado e reprimido sombriamente.

Nossa hipótese é que a predominância de Eros na personalidade do marido a assustava, pois temia esse mesmo dinamismo dentro dela. Tinha medo de ser paralisada, de perder sua energia fálica, responsável pela sua sobrevivência, segundo a sua percepção.

Seu *animus* onipotente e grandioso, projetado na figura bemsucedida do noivo, não suportou o outro lado humano, com limitações e fracassos. A decepção experimentada e a raiva decorrente foi dirigida ao marido sob a forma de desvalorização e não de acolhimento, daquilo que aparentemente era só dele, e que mais tarde, durante a terapia do casal, passou a ser visto fundamentalmente como uma parte cindida de seu *animus*, ainda não humanizada, presa a uma idealização narcisista em função da ferida do incesto não curada. O marido não mais correspondeu àquele ideal masculino, protetor e salvador, da criança órfã. Ela perdera o pai num momento crucial de sua vida. A traição se repete quando o marido a frustra por não poder continuar como portador da projeção arquetípica *animus*-pai. Vamos tentar explorar a relação entre a ferida do incesto e o *animus* cindido em seus aspectos espirituais e sensuais.

Segundo Stein, "... o *animus* se divide em muitas formas diferentes, todas em contínua oposição mútua" (17). Apresenta duas grandes dimensões que são a espiritual e sensual, assim como a *anima*.

O *animus* espiritual traz no seu desenvolvimento não só aspectos do princípio paterno, como também do arquétipo do filho e do irmão (17).

Esses arquétipos, como funções do *animus*, são definidos por Stein de seguinte forma:

> "O arquétipo do filho é basicamente um princípio que fertiliza e renova o pai e, por conseguinte, os valores culturais ultrapassados. Ele é curioso, explorador, imaginativo, brincalhão, ousado e explosivo. É um impulso que busca a auto-expressão espontânea, em contraste com o contemplativo e conservador princípio paterno. O arquétipo do irmão traz em si o princípio de Eros, que deseja intimidade espiritual e

conexão anímica com outrem. (...) O arquétipo irmão-irmã, ou arquétipo do incesto, é em última análise responsável pela conexão anímica entre homem e mulher. A conexão da mulher com esse aspecto de seu *animus* é portanto fundamental; isso lhe torna possível ter a experiência de sua totalidade num encontro de amor, de alma-para-alma com um homem. Aí temos, como uma coisa só, o arquétipo do amor romântico e do casamento real.'' (17)

Não é difícil depreender a importância do relacionamento de uma filha com seu pai, e sua posição no triângulo incestuoso com a mãe, na determinação do padrão adulto de relacionamento de uma mulher com os homens. É fundamental para uma menina o tipo de projeção de *anima* que ela recebe do pai; uma filha única sofre um impacto muito maior dessa projeção, principalmente quando não há uma boa relação parental. No caso de Ada, ela era a única filha. E do mau relacionamento com sua mãe pode-se supor um triângulo incestuoso mal resolvido. A possibilidade de elaboração da culpa decorrente do casamento incestuoso inconsciente com o pai foi precocemente abortada. A morte do pai ocorreu no início da sua adolescência, quando os impulsos e fantasias sexuais aparecem revigorados e o ego é impelido a buscar novos objetos que venham a humanizar as forças arquetípicas.

É o momento em que o *animus* sensual desabrocha, contendo "as manifestações físicas do poder e da agressividade fálicos. Ele é exógamo e portanto abriga o medo e o fascínio provocado pelo Outro desconhecido.'' (17)

Se partirmos dessas interpretações formuladas por Stein, é possível supor que essa paciente não pode conciliar a cisão entre seu *animus* espiritual e sensual. Seu ego feminino ficou à mercê da atuação alternada dos conteúdos sombrios dessas dimensões psíquicas não conciliadas, o que torna impossível colocar na relação com o marido a sua totalidade.

No momento em que seu ego deveria se apropriar de toda a libido disponível para separar-se dos pais pessoais como forças arquetípicas, e daí poder estabelecer com eles um relacionamento mais humano, pessoal e igualitário, sofreu um golpe de morte. Esse movimento psicológico lhe daria um ganho de autonomia no seu desenvolvimento, conectando-a com essas forças dentro dela.

Privada da relação pessoal com o pai para o estabelecimento de uma identidade renascida do inferno incestuoso, a libido foi estancada. Seu *animus* foi mutilado, tanto em sua dimensão espiritual quanto sensual. Seus irmãos continuaram como portadores dessa projeção inconsciente, mas também de forma mutilada. O princípio de

Eros, essencial na dimensão espiritual, estava reprimido nessa dinâmica familiar. O princípio fálico, essencial na dimensão sensual, para o desenvolvimento da sexualidade impessoal, não-relacionada, traria ansiedade e temor, diante da possibilidade do rompimento da barreira do incesto. Assim a ferida do incesto se instalou. Stein, analisando essa divisão da psique, nos aponta uma saída.

"Quando um arquétipo se rompe, uma parte parece funcionar como impulso na direção da mudança e do desenvolvimento, do Devir, enquanto seu oposto visa a sobrevivência física e o prazer sensual, o Ser. Dependendo do braço do *animus* que agarra a mulher, ela será impiedosamente levada a tornar-se algo distinto do que é, ou será compelida a rejeitar todos esses absurdos sobre desenvolvimento espiritual e consciência. Debatendo-se entre esses opostos, ela será criticada e se sentirá culpada e inadequada sempre que tentar respeitar seus sentimentos. Em seu relacionamento concreto com os homens, sentir-se-á alternativamente atraída ora por tipos predominantemente espirituais, ora por outros, com uma dimensão física mais acentuada; mas com nenhum se sentirá adequada como mulher, porque pelo menos um dos aspectos do *animus* estará sempre a criticá-la. Somente após a cura dessa cisão interna do princípio masculino é que poderá ver-se livre desse atropelo constante, passando a sentir o *animus* como uma força benevolente e não julgadora, que protege a integridade de seu Ser e orienta o processo do seu Devir." (17)

Podemos vislumbrar três caminhos que possibilitam a cura dessa cisão. Um deles é a própria vida, quando estamos em contato com experiências intensas. Se formos capazes de nos abrir para sermos penetrados na proporção da intensidade que essas experiências nos trazem, poderemos ser recompensados pela nossa coragem, com o restabelecimento da ligação com nosso *Self*. Essa tarefa é muito difícil, principalmente para nós, ocidentais, que perdemos a ligação necessária com os símbolos coletivos da alma humana e estamos entregues à nossa condição individual para elaborar, de forma solitária, os mistérios da vida. O tabu do incesto e a ferida que nele pode existir são um dos maiores problemas da alma humana.

Um outro caminho possível é o processo de análise que, através da vivência transferencial, pode provocar profundas mudanças no relacionamento de uma mulher com seu *animus* e de um homem com sua *anima*.

E o terceiro caminho é, sem dúvida, o casamento. Esse casal se escolheu movido por dinâmicas arquetípicas inconscientes, numa tentativa penosa porém criativa, de conseguir, através do relacionamento conjugal, separar o lado sadio dos complexos da *anima* e do *animus*, do mundo sombrio dos complexos maternos e paternos negativos.

67

A presença do cônjuge facilita essa separação através da projeção dos elementos sombrios no parceiro, o que possibilita, num segundo momento, uma elaboração desses mesmos conteúdos como partes da própria psique, levando a uma reintegração dessas. Esse processo vai permitir que cada um seja visto através de uma percepção mais clara do outro e que ambos possam estar mais livres para colocar a totalidade do seu ser na relação. Quando não é preciso defender-se da própria psique, também não é preciso defender-se do outro. Portanto, na terapia de casal, não se pode aceitar o argumento de um parceiro contra o outro sem achar que o primeiro está tão comprometido emocionalmente com aquela situação quanto o segundo, sobre quem recai a queixa.

A reintegração dessas partes projetadas oferece aos cônjuges um caminho para a individuação. Nesse casal, por exemplo, cada um tem tarefas bem difíceis ao longo desse caminho. E como se pode depreender da situação conjugal, nenhum dos dois pode facilitar o caminho do outro, pois seus conflitos conscientes e inconscientes se intersectam numa dimensão que a lógica e a razão não alcançam.

Assim, esse homem, que sempre buscou "maquiavelicamente" agradar as mulheres, começou a perceber que essa atitude era uma tentativa de imobilizar nelas um feminino materno, projeção de uma *anima* sombria, que o aterrorizava com suas exigências. O seu medo paralisava-o e mantinha projetada na mulher aquela força devoradora e paralisante que nunca podia satisfazer. O casamento estava sendo um caminho acidentado através do qual ele estava sendo levado, inconscientemente, a resolver a ferida do incesto: esse conflito das figuras parentais internalizadas que o deixou amarrado por tanto tempo. No casamento, essa ferida foi reativada. Ou ele se submetia ao poder fálico projetado e identificado na mulher e continuava perdido de si mesmo, identificado com a figura fracassada do pai, ou estabelecia uma conexão com seus próprios valores e mantinha-se fiel a eles, assumindo o risco de ser criticado ou mesmo abandonado pela esposa. Ele não podia trair-se novamente, se quisesse restaurar sua verdadeira identidade. Diante desse impasse, ele percebeu que o risco de desagradar a esposa existia, qualquer que fosse sua atitude. Dessa percepção, ele depreendeu que o conflito estabelecido era muito mais em decorrência de uma realidade interior do que uma exigência externa que deveria ser solucionada como tal. Com isso, a resistência que ele apresentava a uma análise individual foi quebrada.

Essa mesma percepção, de que o conflito conjugal era expressão de uma realidade interna a ser resolvida, também favoreceu a esposa na reintegração de partes suas projetadas no marido. Ela pode estabelecer uma conexão entre o medo contrafóbico de sua potência fálica, representada na imagem pela pressa como caminhava pela vida, e o medo da impotência, projetada no marido. A exigência de que ele fosse forte e potente tornava-a raivosa e insatisfeita com seus aspectos frágeis e carentes, levando-a a humilhá-lo por isso. Aos poucos, Ada foi levada a perceber a completa rejeição de suas próprias fraquezas e desamparo. Em última instância, ambos eram tementes a Phallos. Ele, porque teve essa força usurpada ao longo do seu desenvolvimento. Ela, porque precisou usá-la defensivamente para sobreviver, sem ter podido dosá-la com Eros, uma vez que a ameaça relacionada ao tabu do incesto estava sempre presente no relacionamento com os irmãos. A saída menos perigosa foi identificar-se com eles em nível da *persona*.

A psicoterapia do casal possibilitou que eles se desprendessem da equação paralisante citada por Stein: "phallos ereto = potência; phallos flácido = impotência" (17). Quando um impasse desse nível se desfaz, abrem-se muitas portas para outras conexões psicológicas importantes.

VI

# A VIVÊNCIA SIMBIÓTICA NA DINÂMICA CONJUGAL: DAS ARMADILHAS ÀS TORTURAS

## O CONCEITO DE PARTICIPAÇÃO MÍSTICA E A IDENTIDADE ARCAICA ENTRE OS PARCEIROS

Segundo Jung: "Um conflito insolúvel significa, antes de mais nada, estancamento da vida" (7).

Vimos no capítulo anterior que a projeção e a confrontação com os complexos no relacionamento conjugal não só são possíveis como desejáveis para o desenvolvimento do vínculo.

A projeção dos conteúdos inconscientes já é uma demonstração do movimento da psique na tentativa de, através de um caminho sinuoso, conectar-se com aquilo que lhe pertence, mas que por ser doloroso torna-se impossível fazê-lo abertamente. No caso do casamento, os parceiros acabam se tornando hospedeiros das projeções do outro, o que vem a ser uma garantia para ambos se manterem bem próximos dos próprios conteúdos projetados. Ficam ligados a si mesmos através do outro. Por isso, mesmo insatisfeitos com a relação, eles precisam permanecer juntos.

No entanto, quando há uma total inconsciência dos complexos, ou mesmo só de alguns deles, estabelece-se uma espécie de identificação do ego com os conteúdos correspondentes desses complexos e o indivíduo acaba se relacionando com as pessoas à sua volta dentro de um parâmetro de indiferenciação eu-outro.

Jung tomou emprestado de Lévy-Bruhl o nome de *participation mystique* para denominar esse tipo de vinculação psíquica ao objeto, que assim ele descreveu:

"Consiste no sujeito não conseguir diferenciar-se nitidamente do objeto, vinculando-se a ele em virtude de uma relação a que poderíamos dar o nome de identidade parcial. Essa identificação baseia-se numa unidade a *priori* do objeto e do sujeito. Portanto, a '*participation mystique*' é um remanescente desse estado primordial. Não abrange a

71

totalidade das relações entre sujeito e objeto, mas só determinados casos, nos quais se observa o fenômeno dessa curiosa relação." (9)

O casamento, muito freqüentemente, se apresenta como um dos campos mais favoráveis para esse tipo de relacionamento baseado na identidade entre a psicologia do eu e do outro. Prosseguindo com Jung em suas formulações teóricas sobre o estado psíquico de identidade:

"A identidade constitui, em primeiro lugar, uma igualdade inconsciente com o objeto. Não é uma equiparação nem uma identificação, mas uma identidade *a priori* que, de modo geral, jamais foi objeto de consciência. É na identidade que se baseia o ingênuo preconceito de que a psicologia de um é igual à psicologia do outro, pelo que, desde que sejam válidos os mesmos motivos gerais, tudo quanto para mim for agradável terá de sê-lo para o próximo, o que para mim for imoral, será imoral para todos etc. Na identidade baseia-se ainda a propensão, tão generalizada, para corrigir nos outros aquilo que deveríamos corrigir em nós próprios. A identidade é a base para a possibilidade de sugestão e contágio psíquico." (9)

Considerando os primórdios do desenvolvimento de uma personalidade, essa forma tão arcaica de relacionamento com o outro precede o mecanismo de projeção, que já pressupõe algum nível de diferenciação entre a psicologia do eu e do outro.

No entanto, nos deparamos com indivíduos, já na idade adulta, que mantêm, de forma mais ou menos predominante, essa modalidade de relacionamento com o mundo. Então aquele estado de identidade com o objeto do início do desenvolvimento pouco evoluiu na idade adulta, pelo menos no que se refere a algumas situações vinculares específicas. E o casamento, conforme já dissemos, é uma das mais propícias para se estabelecer essa *participation mystique* entre os parceiros. A relação pais e filhos também, sendo ambas as situações, como podemos perceber, aquelas onde o ser humano estabelece as mais íntimas conexões com outro ser humano.

A única diferença é que, no casamento, quando essa relação de identidade se estabelece, os parceiros que se complementam a partir dessa forma arcaica de vinculação têm também chances de outras modalidades de relacionamento em suas vidas, que lhes dão diferentes referências a respeito de si e do mundo.

Exemplo disso são pessoas que têm um bom desempenho profissional e vivem um relacionamento conjugal caótico, sentindo-se incompetentes para resolver essa situação. Já na relação pais e filhos, esses últimos só conhecem essa forma de se relacionar, e por muito tempo dependem quase que exclusivamente desse relacionamento com os pais, o que determina uma limitação maior para os filhos.

Voltando a falar do relacionamento conjugal, muitos autores descrevem esse tipo de vivência como um quadro de simbiose patológica entre os cônjuges.

Simbiose e indiferenciação andam juntas, quer no estágio inicial do desenvolvimento quer no estado patológico da psique. Indiferenciação pode ser tomada como alicerce da simbiose, o que podemos apreender da conceituação de Jung:

"A diferenciação é a essência, a *conditio sine qua non* da consciência. Todo inconsciente é indiferenciado e tudo que ocorre inconscientemente parte desta base da indiferenciação. Isso significa, em primeiro lugar, que não se sabe se pertence ou não ao si-mesmo, ou se concerne ao outro, ou a ambos. Nem mesmo o sentimento serve-nos de apoio seguro quanto a isto." (10)

Essa identidade arcaica entre os parceiros só é possível quando ambos estão presos ao mesmo complexo.

O risco desse encontro para as personalidades desses indivíduos pode ser muito alto. Se, na paixão, eles pareciam idênticos, como entender as diferenças que começam a surgir? Pior ainda, eles não entendem como diferenças, e passam a viver um antagonismo mútuo tão paralisante que qualquer coisa que venha do outro é vivenciada como persecutória e interpretada como um ataque pessoal contra o qual é preciso defender-se contra-atacando.

Muitos casamentos assim constituídos desenvolvem condutas repetitivas que vão se cristalizando, a ponto de criar uma expectativa previsível sobre como ambos vão se comportar em determinadas situações. Essa forma de relação não é usada para um conhecimento mútuo construtivo, mas leva a uma estagnação, reduzindo o casamento a uma convivência destrutiva, que não permite aos parceiros nem mesmo saídas individuais. É a morte psicológica dentro do casamento. Parece que o que os mantém juntos é o desejo inconsciente de destruir o outro, pois se sentem destruídos e impotentes para qualquer renovação, e culpam o outro por essa destruição.

Uma das frases mais significativas referente a essa situação psicológica veio de uma mulher, ao se referir à sua condição conjugal: "Eu só fico nesse casamento porque eu não tenho dinheiro para pegar um ônibus". Essa frase mostra, em uma primeira avaliação, que o valor do marido era o mesmo de uma passagem de ônibus, simbolicamente interpretando. Uma avaliação mais profunda nos mostra que esse era o valor que ela própria se atribuía. A incapacidade para olhar para si mesma e reconhecer que a falta de autonomia para se desenvolver na vida era responsabilidade sua e não do marido, é o sintoma conseqüente de uma relação de identidade primitiva com o parceiro.

Um dos sentimentos mais acentuados nessa dinâmica é o de falta permanente, gerando desesperança, acompanhada de muita raiva. Em quase todas as atitudes está implícito: "já que você me traiu, me tirou todas as possibilidades de ser feliz, abortou meus sonhos, então eu me vingo".

Dentro desse casamento, não existem mais tentativas esperançosas de reconstituir uma relação que se perdeu, mas busca se achar, levando cada parceiro a um encontro consigo mesmo. Naquela situação, ambos estão dispostos a reconhecer diante do outro suas dificuldades e o desejo de se ajudar mutuamente, mesmo que, para isso, tenham que percorrer o difícil caminho de se confrontar com conteúdos sombrios que julgavam não caber nessa relação.

Aqui, as armadilhas são verdadeiras torturas. Nada que o outro faz é bom, e tudo que vem do outro tem a intenção proposital de destruição, sendo por isso recebido com muita desconfiança.

Voltando a usar o filme "Eu sei que vou te amar", já citado várias vezes neste trabalho, destacamos outros diálogos que podem nos mostrar como essa relação se construiu tendo na sua base uma identidade arcaica entre os cônjuges. E que a desesperança que advém dessa forma de relacionamento corrói a alma. A dor mental a que estão submetidos se traduz pela tortura que um impõe ao outro. É uma tentativa desesperada de comunicar a dor pelo ódio.

ELA: "Mente para mim. Diz que me ama".
ELE: "Eu te amo, eu te adoro".
ELA: "Diz que você não pode viver sem mim".
ELE: "Eu não posso viver sem você".
ELA: "Diz que você morre se eu não voltar".
ELE: "Eu morro se você não voltar".
ELA: "É isso que eu queria ouvir. Você é um mentiroso, um nojento de um mentiroso. Da sua boca só saem mentiras".

A linguagem utilizada pelos protagonistas do filme é extremamente rica, do ponto de vista simbólico, principalmente porque consegue expressar a emoção que a dor dessa vivência simbiótica impõe ao casal.

ELA: "Algo aconteceu que nossas vidas se misturaram. A gente não pode ficar junto porque morre tudo. Morre a vida, morre tudo, só fica a gente".

ELE: "Quando me afasto de você, as coisas ficam normais, a vida fica normal, o mundo fica democrático. Quando me aproximo, começa a gelatina, olhos nos olhos, e tudo vai se desmanchando." (...) "Somos vítimas de uma doença gelatinosa, que nos une, uma goma que quando se junta vira uma geléia, uma terceira pessoa. Pelo amor de Deus, a gente tem que se salvar um do outro. Temos de matar esse amor."

Num outro momento:

ELA: "Eu tentava te dizer, faça alguma coisa por nós. Me salva. Você começou a me mandar embora. Na sua desatenção comigo, você mandava eu arranjar outro. No seu desprezo eu sentia. (...) Sua confiança em mim era um insulto. (...) Você me preparou, você me educou para te fazer sofrer".

É difícil saber os caminhos que o inconsciente percorre, acabando às vezes por estabelecer de forma tão instantânea esse tipo de relação, que simplesmente acontece, e é muito difícil de desengatar.

Os conflitos podem se instalar em situações mais específicas, como no caso do ciúme exagerado ou em situações corriqueiras que se generalizam para toda e qualquer situação. Esses casais não podem concordar com nada que o outro diga ou faça. Buscam desconfirmar, reciprocamente, pensamentos e atitudes, numa tentativa inconsciente de anular a existência do outro. Não sabem o que fazer com a realidade do outro, com o desejo do outro, que não coincide com o próprio.

O fato de eles estarem presos a um mesmo ou vários complexos cria uma supersensibilidade perante qualquer atitude ou comentário que não corresponda às mesmas atitudes e comentários que o outro faria. Assim se espera que o outro tenha os mesmos desejos, já que deveria pensar e sentir como ele.

## CASO F— Pedro e Anita

Um casal procurou terapia de casal depois de um estudo psicológico realizado no filho mais velho, de sete anos. O desequilíbrio dos pais era visível, e o nível de agressividade tão alto que chegava às agressões físicas. Esse tipo de comportamento, por si só, já mostra a falta de percepção dos próprios limites e do outro.

Eles fizeram da educação dos filhos um campo de batalha, em que guerreavam por tudo. Desde princípios básicos de higiene ou alimentação às questões sérias, como cirurgias, medicação etc.

Pedro queria controlar tudo, e Anita mentia e escondia fatos relevantes ou irrelevantes, provocando nele uma ira tão violenta que fazia com que ela, por medo, continuasse mentindo. Ela o acusava de tudo que a fazia sofrer: dos problemas psicológicos dos filhos, da vida "desgraçada" que levava. Ele a acusava de ser a "coitada", de exagerar tudo que lhe acontecia. Anita dizia que nunca ia ter a compreensão dele. Pedro dizia que ela se fazia de vítima para que ele parecesse um carrasco, pois ela se queixava de estar sobrecarregada quando tinha uma infra-estrutura doméstica boa e não trabalhava fora do lar.

Nas sessões, Pedro mostrava que queria ter o domínio até de suas necessidades fisiológicas, querendo impedir que ela interrompesse a conversa para beber água ou para fechar a janela porque sentia frio. Muitas vezes, eles saíam do consultório brigando, porque Anita estava com fome e queria comer uma comida específica, e ele dizendo que ela não estava com fome. Por outro lado, ela, freqüentemente, respondia por ele, como se soubesse aquilo que ele deveria sentir. Ele se queixava de que ela, freqüentemente, decidia o que era melhor para ele.

Eles se interpretavam erradamente e em seguida se agrediam por isso. Se Anita falava algo que não levava em consideração uma opinião de Pedro, era o suficiente para ele mandá-la calar a boca, dizendo que estava falando bobagem. Pedro registrava internamente que sua opinião era uma bobagem, já que Anita não a considerava. Como ele não era capaz de conter qualquer nível de frustração na relação, devolvia a Anita a agressão da qual julgava ter sido vítima. Era impossível, para Pedro, compreender, espontaneamente, que sua opinião não era tola, mas não era aquela que agradava Anita.

Nessa forma de relação, em que o marido sabia o que era melhor para a esposa (como deveria se vestir e se pentear, como organizar o tempo, como e onde fazer suas compras etc.), ela se sentia sufocada e massacrada. Anita, depois de alguns anos de casamento, desenvolveu um nódulo na tireóide, felizmente benigno.

No entanto, ela relatou que fora o excesso de cuidados dele para com ela, na época que se conheceram, que fez com que ela se interessasse por ele. Ela sempre teve um relacionamento péssimo com a mãe, que, inclusive, ainda perdura nos dias atuais. Segundo sua percepção, sempre foi alvo da inveja da mãe. Inconscientemente, buscava ser protegida, cuidada. Achou a pessoa perfeita para fazê-lo. Alguém que queria cuidar tanto dela que achou que podia tomar conta de sua vida, engolindo-a; querendo fazer dela sua extensão. Para Pedro, isso lhe pareceu possível desde o começo do relacionamento. Alguém tão desprovida de cuidados, abandonada, provavelmente aceitaria ser cuidada incondicionalmente, e com mais certeza ainda não o abandonaria, já que teria com ele a segurança necessária.

Esse padrão de relação se estabeleceu rapidamente entre eles. Uma passagem por nós presenciada na saída de uma sessão ilustra a complementaridade sadomasoquista existente nessa relação. Como Pedro tinha pressa para ir embora para casa (e ele sempre estava com pressa) ela entrega sua bolsa a ele para que ele procure suas chaves, sendo que eles estavam em carros separados. Depois, ele foi acusado de invasivo, desrespeitador de sua privacidade e do seu ritmo. Essa cena foi importante para trabalhar com o casal a dinâmica agressiva e retaliativa entre eles. Quando Anita relatava que Pedro desligava a televisão sem qualquer satisfação, porque queria sexo, ou arrancava de suas mãos uma revista, porque desejava sua atenção, dizendo que ela não ia ler mais, era só um lado da história. Que ele era sempre o lobo-mau, pronto para atacar, ficava evidente. Mas que ela fazia o papel da Chapeuzinho Vermelho que escolhia o caminho perigoso, justamente onde sabia que ia encontrar o lobo, ficava bastante camuflado, principalmente porque ela chegava a trazer no corpo algumas marcas da agressividade dele. Com isso, ela tentava paralisar e nublar qualquer percepção da terapeuta que pudesse denunciar aquilo que ela, inconscientemente, usava como arma nessa guerra conjugal. Ela possuía a prova cabal da culpa do marido.

Pedro, depois de entender melhor as situações de conflito, percebia a desproporção de suas atitudes. Ele aceitou começar uma análise individual, e, com todas essas ajudas, o nível de agressividade diminuiu, e ele começou a buscar outras formas de realização fora da situação familiar. Anteriormente, Anita pressionava-o para fazer esporte, massagem, para descarregar suas tensões. Argumentava que ele não podia ficar dependendo dela para todas as coisas. Quando, no entanto, isso de fato ocorreu, Anita passou a se sentir ameaçada, achando que Pedro queria ter mais liberdade enquanto ela ficava em casa cuidando dos filhos.

Ser identificada com esse aspecto da Chapeuzinho Vermelho não a agradou nem um pouco. Sua resistência para abrir mão do seu papel de vítima ainda é muito forte. O marido não só representa como realiza, literalmente, numa relação claramente baseada na identificação projetiva, a sombra da esposa. E é claro, também, como Anita está fazendo de tudo para que essa simbiose não se rompa, tentando cada vez mais, mediante seu papel de vítima, torná-lo culpado por seu desejo de autonomia, além de todas as outras culpas que lhe impôs, sem perceber que, de alguma forma, também participava dessa complementaridade, ainda que de uma forma aparentemente passiva e impotente.

Qualquer solução sensata e possível é rejeitada. Para a psicologia desse casal é um insulto que o outro não se alie aos seus pensamentos e desejos. É um insulto que "ele"(a) não seja "eu".

Uma leitura fenomenológica desse quadro pode ser encontrada em Jung:

"Somos forçados a concluir que o objeto externo não pode ser amado porque uma parte predominante da libido prefere um objeto interior que sobe das profundezas do inconsciente para substituir a realidade ausente." (...) "No entanto, é difícil imaginar que este mundo tão rico seja demasiado pobre para poder oferecer um objeto ao amor de um homem. Ele oferece possibilidades infinitas para todos. É, ao contrário, a incapacidade de amar que priva o homem de suas possibilidades. Este mundo é vazio somente para aquele que não sabe dirigir sua libido para coisas e pessoas e torná-las vivas e belas para si. O que nos obriga, portanto, a criar um substitutivo a partir de nós mesmos não é a falta externa de objetos, e sim nossa incapacidade de envolver afetivamente alguma coisa além de nós. Por certo as dificuldades da vida e as contrariedades da luta pela existência nos acabrunham, mas também situações graves não impedem o amor, ao contrário, podem estimular-nos para os maiores sacrifícios. (...) A resistência contra o amar causa a incapacidade para o amor, ou esta incapacidade age como resistência." (13)

## A RAIVA E A INVEJA NA CONJUGALIDADE

A compreensão dos arquétipos *anima-animus* volta a nos ocupar. Como é a vivência de *animus* e *anima* dentro dessa dinâmica conjugal, que se constrói a partir da identidade arcaica com o parceiro?

Estando grande parte do ego fusionada com o *Self*, também os complexos da *anima* e do *animus* não se diferenciaram em forma de organizadores do ego. Esses complexos, ao exercerem a função de ligação entre o inconsciente e o consciente, exercem também a função de vínculos psíquicos entre o ego e sua raiz de identidade, o *Self* (22).

Portanto, essa questão nos remete novamente ao estudo das desordens narcisistas, em que esses complexos não são desenvolvidos, uma vez que a energia psíquica necessária a esse desenvolvimento está presa em lutas mais primitivas.

A estruturação narcisista, marcada basicamente pela rejeição ao *Self*, pode ocorrer em qualquer fase do desenvolvimento, tanto como resultado da fusão regressiva na estrutura ego-*Self*, ou como um estado psíquico não desenvolvido. De qualquer forma, a impossibilidade de viver o verdadeiro padrão pessoal, pela negação do *Self*, gera raiva e inveja, que se manifestam em sentimentos como "o autoódio, a fome, o roubo secreto e a falta de calor dadivoso..." (22).

Schwartz-Salant nos coloca que a fonte da raiva e da inveja narcisista não diz respeito só aos objetos externos, mas pode ser parte de um processo introvertido. "A raiva vem de uma falta de autoestima, do ferimento narcisista sofrido graças ao seu próprio bloqueio criativo e à sua própria ineficiência" (22).

Este autor vê também a inveja narcísica relacionada aos problemas ligados ao não desenvolvimento dos arquétipos da *anima* e do *animus*, e que, por isso, ficam impedidos de intermediar a conexão ego-*Self*, que ficam fundidos sob uma forma grandiosa e onipotente, e com isso privando a personalidade dessa vivência necessária e profundamente desejada.

"A inveja já intensa, que domina essa fusão, alimenta uma inveja do sexo oposto. As mulheres se tornam objetos que, na projeção, trazem em si o lado feminino desesperadamente necessário do homem, e os homens são invejados pelas mulheres, da mesma forma, por causa de sua própria função masculina necessária"(22).

Tanto no caso clínico anterior como no próximo a ser relatado, salta aos olhos o poder destrutivo da raiva e da inveja nas relações conjugais, como resultado do estado de fusão dos arquétipos da *anima* e do *animus* ao *Self*. A impossibilidade de desenvolver esses arquétipos leva esses indivíduos a dirigir esses sentimentos inconscientes aos parceiros, quando originalmente dizem respeito a eles mesmos.

## CASO G — João e Maria

Um casal veio encaminhado para terapia a partir de um estudo psicológico realizado com a filha mais velha, cuja percepção dos pais era de que eles não davam conta de suas tarefas e que ela precisava crescer para ajudá-los.

Outro aspecto importante, comum aos dois casais, é que eles só procuraram ajuda por causa dos filhos. Em geral, esse caminho para buscar ajuda é o mais freqüente entre casais com esse tipo de dinâmica. Eles aceitam tratar-se para ajudar os filhos, pois cada um deles tem certeza de que a causa das dificuldades conjugais e familiares é sempre o outro. Ambos têm pouca ou nenhuma consciência da própria responsabilidade nesse processo. Eles esperam que o terapeuta se torne uma testemunha dos erros do outro.

O casal trouxe uma história de muitas brigas, incluindo agressividade física. A esposa, Maria, era portadora de diabetes infantil. Apresentava labilidade emocional acentuada, com baixa capacidade para lidar com seus impulsos: fome, raiva etc. Nas sessões, em geral, contava o que havia feito com o marido, dando risada. Mostrava pouca crítica em relação às suas atitudes. Simplesmente tinha vontade de fazer e fazia. Por exemplo, numa noite em que ele colocava a louça na máquina, ela arrancou a louça de suas mãos porque achou que aquele ritmo de trabalho era de quem não queria fazer nada. Ele não reagiu e saiu para o quintal. Ela prendeu-o no quintal, numa noite de chuva.

O marido, João, pelo contrário, tinha pouca expressão de seus desejos, sabia adiá-los ou, então, abria mão deles na tentativa de apaziguar Maria.

Ela queria que ele chegasse cedo em casa, num horário incompatível com as funções dele. Não aceitava suas viagens e jantares profissionais, que ocorriam dentro de parâmetros bastante razoáveis para o cargo que ocupava. Comparava-o com um vizinho que chegava cedo em casa, cujo trabalho obrigava-o a passar metade do mês fora do país. Qualquer dado de realidade que não se harmonizasse com suas fantasias era desprezado.

Falou que esperava "pombinhas" no casamento, e que elas viraram "urubus". Ela queria ter amigos, ter vida social, e acabou tornando-se uma matrona. Ela queria ter a vida que ele tinha, e isso era suficiente para lhe dar a certeza que ele mentia quando dizia que não queria ir a certos compromissos. Ela o interpretava segundo seus próprios desejos e fantasias.

Maria fantasiava que quando ele saía para jantar ou viajar estava junto de mulheres lindas, fazendo grandes orgias. Tinha um certo prazer com essas fantasias, porque ele sempre voltava para ela, o que a fazia se sentir vitoriosa sobre todas as outras mulheres.

Essa fantasia tinha relação com a má elaboração da fantasia incestuosa do triângulo edípico. O relacionamento com a mãe era marcado pela raiva e competição. O pai sempre a prestigiava, em detrimento da mãe e do irmão. Mas acabou reconhecendo que, na realidade, ele a usava como ponte para sair de casa. O pai fazia questão de levá-la e buscá-la em festas para flertar com as mães de suas amigas, segundo o seu registro. Contou que numa determinada época ele trouxe uma amante para casa, fazendo-a passar por professora dela. Ela fugia de casa para pressionar o pai a mandá-la embora.

Na adolescência, ficou sabendo que seus pais fugiram para morar juntos, já que o pai fora casado anteriormente e tinha outros filhos. Daí entendeu por que eram tão mal recebidos na casa dos avós paternos. Essa situação aumentou sua revolta contra a mãe.

Maria relatou um sonho que se repetia com alguma freqüência: "Eu estava numa casa de dois andares. Do andar superior, sabia que precisava descer e explorar o primeiro, que era muito sujo".

Outros sonhos relatados durante a terapia: "Sonhei que o João chegava de um jantar e eu avançava sobre ele querendo cortar-lhe o pênis". "Sonhei que estava com um homem na cama e o João chegou. Estava no quarto dos meus pais." "Sonhei que uma bomba ia estourar na Av. Brasil. Saí do carro com minhas filhas porque o carro ia ser atingido. Não sabia se a quantia de sessenta cruzeiros dava para pegar um táxi. Vou andando e penso ir até o seu consultório, para te pedir dinheiro emprestado, se fosse necessário. Ao cruzar o viaduto da Av. Nove de Julho, um homem tenta segurar uma de minhas filhas, e eu tento defendê-la. Aí vem outro homem e sinto que é difícil lutar contra dois."

Esse último sonho ocorreu depois que a terapeuta precisou falar com ela pelo telefone, pois se recusava a voltar aos nossos encontros. Isso ocorreu pelo fato de ter-lhe sido feita uma indicação, necessária e urgente, de uma análise individual. Só mais tarde ela veio a aceitar tal indicação.

Nossa maior preocupação passou a estar ligada a uma ameaça' contínua de morte. Sua labilidade emocional, ligada à sua raiva com fantasias de destruição, era um perigo não só para a família, como para ela própria. Por exemplo, deixava de comer para provocar uma crise de diabetes e ser levada a um hospital. Queria que o marido se sentisse culpado por não tratá-la do jeito que ela queria.

As situações de conflito entre o casal eram praticamente ininterruptas e extremamente desgastantes. Ela se sentia em segundo plano na vida do marido e criava muitas situações cujos resultados seriam, segundo sua interpretação, uma confirmação desse sentimento.

Contaram uma briga de um fim de semana por causa da escolha de um lugar para tomarem um lanche com as crianças. João pergunta onde eles poderiam ir. Maria responde que pode ser qualquer lugar. João sugere o McDonald's. Encontram o local muito cheio. Ela vai ficando com raiva, potencializada pela fome e pela frustração. Vão a outra lanchonete. Maria não gosta e começa a acusar João de só levá-la a lugares ruins, enquanto ele vai a restaurantes de primeira linha. É evidente o jogo presente nessa situação, só não é evidente a dinâmica psicológica de João, que complementa tal jogo.

As situações trazidas por eles chegavam a ser bizarras, e as atitudes dela, tão inadequadas, que era difícil entender como ele, sendo tão compreensivo e emocionalmente equilibrado, também contribuía para a manutenção dessa dinâmica conjugal patológica. -

Ele sempre fora uma pessoa tímida, insegura em relação a seus atrativos físicos. No início da relação, saíam como amigos, e foi ela quem o pediu em namoro, antes que pudesse perdê-lo. Ele nunca teve outra pessoa antes dela, sendo que Maria já tinha iniciado sua vida sexual com o antigo namorado.

Era um tipo pensamento-introvertido, com dificuldade para externar o que sentia. João nunca revelou nada de si para alguém. Nunca deu qualquer tipo de preocupação para os pais. Sempre foi um filho ajuizado, tendo um irmão mais rebelde. Reconhecia-se com características de submissão. Era filho de um pai autoritário e uma mãe submissa. Estabeleceram uma dinâmica patriarcal familiar bastante rígida, em que os aspectos racionais eram mais valorizados em detrimento da emoção. João não sabia bem o que era "isso" até encontrar Maria.

Ele construiu uma imagem de como se via na vida: dividido entre o "certo" e o "louco", que ela simbolizava. A "loucura" dela podia ser a medida da "loucura" dele, não explicitada. Ela representava não só seu lado pulsional reprimido, mas também a dimensão da dissociação psíquica de João. Ele teve o seguinte *insight*: "Eu fui um filho que já nasci velho".

João encontrou a pessoa ideal para ajudá-lo nessa tarefa. A exuberância emocional de Maria funcionava, paradoxalmente, como um estímulo paralisante. Primeiro porque mostrava-lhe o perigo de se viver as emoções, e segundo porque nessa relação ele sempre era punido por qualquer manifestação, inclusive pela falta delas, pois Maria sempre tinha altas expectativas em relação a ele. E o mundo sempre desabava para ela e em cima dele.

Dessa maneira, as defesas criadas ao longo de sua vida foram reforçadas nessa relação, que lhe provou ser mais prudente esconder o que sentia e não revelar seus pontos de vista. No entanto, suas defesas eram sentidas como uma agressão para ela. O fato de ele se fechar era interpretado por ela como deslealdade, traição, abandono, como se ele sempre tivesse segredos que não pudesse revelar. Ela dizia que não era falsa e enrustida como ele.

Mas, no silêncio dele, nas suas atitudes bem-intencionadas, mostrava uma raiva inconsciente do mundo feminino e de tudo a ele relacionado, raiva que só Maria, dentro dessa simbiose conjugal, poderia denunciar.

Ela dizia que queria ser reconfortada quando se queixava dos problemas domésticos, que, para ele, eram simples e de pequena importância. Ela queria que ele valorizasse suas empreitadas na arte culinária e nas artes manuais, para as quais João era completamente insensível. Não fazia elogios, não mostrava interesse por tudo aquilo que compunha sua vida, tratando esse assunto de forma velada, como se fossem coisas menores.

Em uma de nossas sessões, eles trouxeram uma briga, que começara porque ela não achava os documentos das filhas. Para ela, tudo estava bagunçado pela falta de espaço na casa para guardar as coisas. Para ele, não era falta de espaço, mas este era mal ocupado com revistas velhas. Só que essas revistas eram de receitas de tricô e muito importantes para ela, pois através deste material ela fazia blusas para todos da família, e isso, ao mesmo tempo, lhe dava muito prazer.

Na relação com a esposa, pode-se ver como era sua relação com a *anima*: praticamente ausente, um verdadeiro complexo sombrio. A raiva e a inveja inconsciente é uma forma de a psique mostrar como se ressente da falta dessa vivência. Maria denunciava isso quando dizia que ele era enrustido. Porém, a forma como ela o fazia, impedia que isso fosse observado, devido ao exagero emocional com que se comportava. Mas um olhar clínico pode interpretar esse exagero, não só pelo lado da patologia de Maria, mas também como uma conduta que refletia a *anima* oprimida de João. Ele precisava de alguém que se prestasse a encarnar sua *anima* escandalosa, gulosa, após anos de fome e aprisionamento. João passou a desconfiar que algo mais o prendia a Maria, além de sua responsabilidade de pai.

Depois de alguns meses de terapia de casal e de análise individual, Maria começou a aceitar que, de um modo geral, sua agressividade não estava condicionada ao comportamento de João com ela. Que ela gostava de brigar e buscava motivos em várias situações.

Essas pequenas discriminações que estavam ocorrendo poderiam ter sido uma possibilidade para Maria construir, gradualmente, uma base psicológica, o que é impossível desenvolver "quando a psique se encontra paralisada num nível narcisista de fusão entre o ego e o Si-mesmo. Essa fusão impede a evolução do Si-mesmo, assim como mutila o ego" (22).

No entanto, esse trabalho é penoso para o casal e demanda muito tempo. Alguns meses depois de iniciada a terapia, durante uma sessão em que discutia-se a sexualidade do casal, veio à tona a questão da vasectomia não realizada pelo marido.

João disse que só naquele momento estava podendo ver com clareza o motivo pelo qual ele não tinha ainda tomado essa decisão. Ele não se sentia seguro nessa relação, e se eles rompessem o casamento, o que ele não desejava que ocorresse, poderia querer reconstruir sua vida com outra pessoa.

Dois dias após essa sessão, Maria me ligou, desesperada, querendo que eu confirmasse o que ela havia registrado sobre o que João teria dito em nosso último encontro: em resumo, que ele estava planejando se separar dela e ter filhos com outra pessoa. Ela estava se sentindo enganada, traída, porque ele não se sentia satisfeito com as filhas que tinha com ela. Senão, por que pensaria em arrumar outros filhos?

83

Aquele era um momento crucial de nosso trabalho. Uma possibilidade de se criar condições para um confronto mútuo de fantasias e desejos estava começando a germinar. João começava a sentir confiança e esperança para quebrar defesas já muito estruturadas nessa relação. Mas Maria ainda não estava preparada para esses confrontos, que ameaçavam essa simbiose conjugal. Mesmo cobrando de João uma atitude mais aberta, mais franca, não podia suportar quando ele se mostrava com pensamentos e desejos diferentes dos dela. Maria não aceitava qualquer tipo de individualidade no casamento, a ponto de não compreender a necessidade do marido de trancar a porta do banheiro.

O resultado dessa confrontação que começava foi que ela engravidou, correndo sério risco de vida em função do quadro de diabetes, do qual era portadora.

Essa gravidez era mais uma forma de ela o "escravizar", além de todas as outras, como aplicar-lhe insulina todas as manhãs antes de ir para o trabalho, comprar seu remédio etc. Essa relação era escravizante para os dois. Ambos eram escravos do próprio mundo interno fundido e simbiotizado com os conteúdos arcaicos indiferenciados da psique. Qualquer possibilidade de desenvolvimento criativo era abortada. *Anima* e *animus* estavam acorrentados ao *Self*, de tal forma, que era impossível utilizá-los como ponte para favorecer a evolução de personalidades tão paralisadas.

## ALGUMAS CARACTERÍSTICAS DE UMA RELAÇÃO SIMBIÓTICA

Esses dois últimos casos têm muitas características em comum que vale a pena ressaltar. Uma delas já foi citada, que é o caminho pelo qual eles chegaram para fazer o tratamento: por intermédio do estudo psicológico de um dos filhos.

Outra semelhança é que havia agressão física nessas relações, relacionadas com baixa tolerância à frustração, incompatíveis com o amadurecimento de um adulto. Essas frustrações não se relacionam com fatos de grande importância, mas simplesmente porque o outro existe, e não pode funcionar todo o tempo como um reflexo daquilo que se espera e precisa que seja espelhado.

Dessa dinâmica, pode-se perceber outra característica, que é a necessidade de controle exagerado do parceiro. Isso ocorre por uma invasão psíquica mútua, atribuindo ao outro aquilo que lhe pertence e agem de acordo com essa ausência de percepção de si e do outro.

Esse controle exagerado aparece de várias formas. Na figura do controlador, exige a presença do outro, querendo ter o cônjuge sempre perto, torturando-o com suas insatisfações. Na figura do controlado, um desejo inconfesso ou mesmo confesso, porém ambivalente, de se afastar, o que se torna uma ameaça constante para o controlador, que aumenta seu controle. A sensação de ser sufocado foi descrita pelos dois. No primeiro caso, Anita fazia uma equivalência entre o desenvolvimento de um nódulo na tireóide e o fato de se sentir asfixiada no casamento. João tinha uma espécie de tique respiratório, apresentando um barulho no ato de respirar. Maria chegou a verbalizar que, sem ele ao menos ter feito algo, um dia procurando roupas de bebê num *shopping*, sentiu tanta raiva dele que seria capaz de torcer-lhe o pescoço igual a um bicho. O mais importante neste fato foi que ao pedir que ela mostrasse essa fantasia, numa imagem corporal, dentro de um contexto psicodramático, o marido ficou apavorado pensando que ela seria capaz de apertá-lo de verdade. Essa cena exemplifica também como fica reduzida a capacidade de simbolizar de um casal que vive dentro dessa dinâmica simbiótica.

Também podemos observar que o confronto de cada parceiro com sua sombra, nesse tipo de relacionamento, é quase impossível. Eles estão longe de se mobilizarem para esse objetivo. O que buscam é ganhar mais um aliado contra o outro, na figura do terapeuta.

Parte do desenvolvimento psicológico desses indivíduos ficou estacionada numa "estrutura defensiva urobórica" (22), de onde buscam estabelecer total identidade com o outro, tentando, para esse fim, imobilizar e despotencializar o cônjuge. Essa tentativa revela, como vimos nos dois casos acima expostos, a atuação totalmente indiscriminada da raiva e da inveja, impedindo o desenvolvimento dos arquétipos da *anima* e do *animus* e, conseqüentemente, a impossibilidade de sua integração no plano da consciência.

O resultado dessa dinâmica é sempre um caos, uma guerra sem fim. A imaturidade psicológica dos parceiros que os impede de fazer uma adaptação adequada, dentro de uma relação de conjugalidade, é resultante do bloqueio da progressão da libido na direção de novos objetos. Um homem, uma mulher, poderão ou não ser considerados como novos objetos, dependendo de como a psique a eles se conectar. Se um companheiro ou companheira for tomado como uma extensão dos primeiros objetos do início de desenvolvimento, será impossível construir um relacionamento adulto, como se requer no casamento.

"Um indivíduo é infantil porque se libertou insuficientemente ou não se libertou do ambiente da infância, isto é, da adaptação aos pais, razão por que reage perante o mundo como uma criança perante aos pais, sempre exigindo amor e recompensa afetiva imediata. Por outro lado, identificado com os pais devido à forte ligação com os mesmos, o

85

indivíduo infantil comporta-se como o pai e como a mãe. Ele não é capaz de viver como ele mesmo e encontrar sua própria personalidade."(13)

Jung escreve que é difícil estar pronto para enfrentar os problemas relativos ao amor, "pois esse exige consciência e responsabilidade, visão e previsão". (13)

VII

# CASAMENTO E INDIVIDUAÇÃO

## SACRIFÍCIO E LIBERTAÇÃO

"A assimilação da tendência do sexo oposto torna-se uma tarefa que precisa ser resolvida para manter a libido em progressão. A tarefa consiste na integração do inconsciente, na combinação de 'consciente' e 'inconsciente'. Denominei este processo de processo de individuação." (13)

Como já foi referido no Capítulo V, o sexo oposto, nesta citação, deve ser entendido como um símbolo do outro, o estranho, daquilo que é oposto à consciência egóica, ou seja, representação dos arquétipos da *anima* e do *animus*.

No trecho acima citado está contido um conjunto de concepções teóricas extremamente valiosas para esse trabalho, e por isso devem ser elucidadas.

Em primeiro lugar, Jung estabelece uma forte correlação entre a dinâmica dos opostos e a progressão da libido, levando-nos a entender que a tensão existente entre os opostos é gerada e mantida pela energia psíquica em constante transformação. Isso posto, podemos afirmar que o elemento que processa essa transformação da energia, liberando-a para diferentes dinamismos, é o símbolo. Em segundo lugar, o uso do símbolo nos abre a possibilidade de introduzir neste trabalho o conceito de função transcendente. Na psicologia analítica, a função transcendente e os símbolos estão mutuamente relacionados. Assim, dentro do dinamismo conjugal, por intermédio da experiência simbólica do casamento, a função transcendente permite aos parceiros estabelecer conexões entre seus dois mundos, consciente e inconsciente. E, em terceiro lugar, nos aponta que este vem a ser o processo de individuação, que só se realiza pela integração dos arquétipos da *anima* e do *animus*. Sendo estes uma função de relação, podemos concluir que o casamento é uma repre-

87

sentação arquetípica desse processo, em que cada cônjuge representa para o outro, em graus variados, aquilo que lhe é inconsciente e, portanto, projetado. Cada cônjuge, à medida que espelha para o outro aquilo que deve integrar à sua consciência, abre caminho para o exercício da função transcendente na relação, por meio dos símbolos vividos pelo casal. Então, mesmo sendo objetos de projeção, os cônjuges são, ainda que no plano do inconsciente, o outro lado da psique do parceiro. O que reafirma o segundo tópico dessa discussão.

Essa idéia, de que o casamento pode ser considerado um dos caminhos mais propícios ao processo de individuação, pode ser encontrada em alguns autores, como por exemplo, em Guggenbhül-Craig e Vargas.

O primeiro autor escreveu:

"O casamento não é confortável e harmonioso; é antes um lugar de individuação, onde uma pessoa entra em atrito consigo mesma e com um parceiro, choca-se com ele no amor e na rejeição e desta forma aprende a conhecer a si próprio, o mundo, bem e mal, as alturas e as profundezas." (7)

No segundo, encontramos:

"O vínculo conjugal é, por excelência, um vínculo paradoxal. O ser humano necessita do outro para saber quem é, que existe e como. O ser totalmente só e isolado perde seus referenciais e enlouquece. Precisamos do outro para sabermos quem somos. Mas também nascemos para, na nossa individuação, nos tornarmos o ser único que somos em potencial. Esta realidade paradoxal do ser humano, que se atualiza em qualquer vínculo, é extremamente viva e rica no vínculo conjugal." (18)

Encarar o casamento dentro dessa perspectiva redimensiona esse vínculo enquanto instituição, tão desgastada pelas vicissitudes que a vida lhe impõe, e enquanto caminho pessoal para aqueles que se propõem a sacrificar suas ligações infantis inconscientes para se relacionar com o mundo em outras bases.

O casamento deveria ser uma relação entre dois adultos que, juntos, resolvem compartilhar o prazer e as dificuldades da vida. No entanto, o que freqüentemente ocorre é que as pessoas, ao se casarem, buscam garantias e gratificações que deveriam ter sido supridas em etapas precoces do desenvolvimento. Presos a necessidades não atendidas, reivindicam dos parceiros aquilo que deveriam, nessa etapa da vida, buscar neles mesmos. Esse jogo psicológico transforma a situação conjugal num campo favorável às vivências regressivas, que se tornam um instrumento de tortura mútua, um álibi que garante a legitimidade de qualquer reivindicação, por mais infantil e desproporcional que essa seja.

Manter-se atado a fantasias do passado é o mesmo que ser dominado por uma libido em estado regressivo, que se manifesta, no comportamento do adulto, por exemplo, na forma de uma criança "birrenta" que se recusa a crescer, esperando que as soluções venham magicamente e sempre do outro. Nesses casos, o indivíduo não pode sacrificar sua condição infantil que, aparentemente, pode lhe dar garantias de proteção.

Esse sacrifício da condição psicológica infantil é fundamental para que a necessidade de dependência do outro dê lugar a sentimentos de autonomia e prazer pela liberdade pessoal. Ser autônomo é um exercício de amadurecimento psicológico, que também permite e incentiva a autonomia do outro, sem que isso seja experimentado como uma ameaça à segurança pessoal e conjugal.

Podemos ver o ponto de vista de Jung sobre esse tema no seguinte trecho:

"Este sacrifício só acontece numa total devoção à vida, quando toda a libido retida em laços familiares precisa sair do círculo estreito e ser levada para o grande mundo. Pois para o bem-estar de cada um é necessário que, depois de ter sido na infância uma partícula que simplesmente acompanhava o movimento num sistema giratório, depois de adulto se torne ele próprio o centro de um novo sistema. É claro que tal passo inclui também a solução, ou pelo menos a consideração do problema erótico, pois se isto não acontece, a libido não usada inevitavelmente fica presa na relação endogâmica inconsciente com os pais e não deixa o indivíduo livre sob muitos aspectos." (13)

Um dos pontos importantes a ser abordado é o da vivência e da resolução do incesto. Para Jung, o temor ao incesto não é uma questão somente física, mas muito mais psicológica. Para ele, o medo do incesto diz respeito mais à possibilidade de a criança ser engolida pelo mundo materno e permanecer atada a esse mundo, sem poder se apossar de sua própria libido, como nos primórdios de sua existência.

A libido em progressão faz seu percurso em oposição ao mundo materno, quando o ego consegue suportar as tensões geradas pelos símbolos responsáveis pela crescente estruturação da personalidade.

O eu em desenvolvimento deve se abrir, mesmo que em forma de conta-gotas, para integrar, progressivamente, as diversas possibilidades que se apresentam a cada símbolo novo proposto pelo inconsciente, como resultado da interação eu-mundo. É uma exigência da vida e da própria psique.

"O sacrifício é feito no ponto de união. Onde os caminhos 'se cruzam', se entrecortam, está a mãe, que é objeto e essência de união. Onde os caminhos se 'separam', onde existe despedida, separação, partida, rompimento, aí existe vagina e fenda, o sinal da mãe e ao mesmo tempo a essência daquilo que vivenciamos na mãe: separação e adeus. O significado de um sacrifício neste lugar seria portanto: propiciar a mãe nos dois sentidos (13).

Podemos compreender, a partir do casamento, os caminhos regressivos e progressivos da libido através dos símbolos expressos em sonhos, fantasias, imagens, queixas etc.

## CASO H — Carlos e Helena

Carlos, quarenta e cinco anos, casado com Helena, de quarenta e três anos, relatou o seguinte sonho durante a terapia de casal: "Sonhei que ia para a morte, e a morte era minha mãe. Ela estendia os braços". Esse sonho expressa, do ponto de vista dinâmico, a relação incestuosa desse homem com sua mãe ainda interferindo em sua vida, como veremos a seguir. E, do ponto de vista arquetípico, podemos entender que o símbolo da mãe não é apenas um símbolo da vivência pessoal desse homem com a figura de sua mãe, mas um símbolo do inconsciente "como a matriz criadora do futuro". O "penetrar na mãe" significa então: estabelecer um relacionamento entre o eu e o inconsciente" (13).

Essa dinâmica arquetípica e o seu alcance na psicologia humana pode ser melhor compreendida lendo diretamente Jung:

"A libido em regressão dessexualiza-se aparentemente porque recua pouco a pouco até fases pré-sexuais da primeira infância. Também ali não se detém, mas retrocede até o estado intra-uterino, pré-natal (o que não deve ser tomado ao pé da letra!), e sai da esfera da psicologia pessoal para penetrar na da psique coletiva; isto é, Jonas vê os mistérios, as 'représentations collectives' dentro da barriga da baleia. A libido atinge assim uma espécie de estado primitivo onde, como Teseu e Pirítoo em sua viagem ao inferno, pode arraigar-se. Mas também pode tornar a libertar-se do abraço materno e trazer à superfície uma nova possibilidade de vida." (13)

A regressão da libido a essa camada da psique pode significar tanto a ativação de material inconsciente arcaico e caótico, que poderá desorganizar o funcionamento do ego, quanto a possibilidade de renovação da vida mediante re-conexão com o mundo dos instintos, matéria-prima da psique.

Encontramos em Jung uma síntese desse processo psicológico:

"O que realmente acontece na fantasia de incesto e ventre materno é uma imersão da libido no inconsciente, onde provoca de um lado reações pessoais, afetos, opiniões, e atitudes infantis, e de outro lado anima também imagens coletivas (arquétipos), que têm significado compensador e curativo, como o mito sempre teve" (13).

Na terapia de casal, buscamos, em cada manifestação dos parceiros, esse significado compensador, onde pode estar instalado o germe curativo da neurose individual e conjugal. Na libido regredida ou em processo de progressão, na luta pela libertação da prisão que a ferida do incesto impõe ou na vivência simbiótica inconsciente com o mundo dos pais, nos deparamos com a força dos símbolos, presente em qualquer manifestação psíquica. Conscientizar os cônjuges dessa estrutura simbólica que subjaz no inconsciente, assim como o poder desses símbolos em sua organização psicológica, é uma forma de dar ao ego instrumentos para uma melhor compreensão dos conteúdos inconscientes e das condutas decorrentes da influência desses mesmos conteúdos.

Uma conduta assim compreendida não está subjugada a valores ou julgamentos morais culturalmente estagnantes. Pelo contrário, busca libertar os indivíduos de expectativas predeterminadas, que não dão espaço às manifestações individuais, necessárias ao processo de individuação, e que, por motivos vários, não se encaixam em determinados relacionamentos.

Assim, a partir da dramática situação psicológica que se apresenta no sonho acima citado, buscamos compreender o símbolo onírico, da mãe ligada à morte, como um movimento regressivo da libido, tanto do ponto de vista do método redutivo-causal, quanto do ponto de vista do método construtivo-finalista.

A queixa geral do casal era de que eles não se entendiam em uma série de situações de vida, e viviam em um clima de muita tensão, sentindo-se esgotados física e psicologicamente. Um dos filhos do casal tinha um grave problema de saúde física, que exigia atenção constante, e outro filho apresentava um quadro de deficiência mental bastante acentuado.

A queixa de Carlos sobre Helena era que ela era nervosa, agitada e infantil, sempre no telefone ou fazendo algo. Gostaria que ela parasse um pouco, escutasse uma história, assistisse a um filme ou ouvisse uma música com ele. Mas juntos eles só brigavam. Carlos dizia que Helena não aceitava a menor brincadeira, tinha medo de ser subjugada, ser passada para trás, por isso estava sempre armada.

Para Helena, ele era estúpido com ela, não entendia como a vida dela era difícil e sentia-se bastante cobrada e pouco ajudada, principalmente nos finais de semana, quando ele bebia muito e se desligava dos problemas. Helena não tinha paciência com a demora de Carlos para tomar decisões. Ela se adiantava e depois era criticada. Ele dizia que se ela se dispusesse a conversar com ele, trocando idéias, as decisões seriam mais rápidas e eficazes.

Carlos era filho único de uma mãe dominadora e de um pai omisso, bem mais velho que ela e já falecido. Ela sempre interferiu em sua vida, buscando protegê-lo das situações difíceis e desafiadoras. Isso fez com que ele mudasse de escolas boas, para outras cada vez piores. Acabou não se profissionalizando, perdendo oportunidades que exigiam competitividade e coragem para se arriscar. Sem emprego, precisou aceitar um cargo público, através da influência da família de Helena.

Ela, por sua vez, era filha de um pai poderoso, porém ausente. Sua mãe tentou preservar a união familiar, assim como a imagem idealizada do pai. Ela sempre fora a filha ajuizada, que fazia companhia para a mãe, ajudando-a na tarefa de cuidar de alguns irmãos emocionalmente desajustados. Nesse papel, ela se protegia contra o medo de fracassar profissionalmente. Ela não podia competir intelectualmente com uma parte da família, colocando-se muito aquém. Portanto, sempre esteve muito longe dela mesma e de suas reais possibilidades, intelectuais e afetivas. Não valorizava nada do que ela própria fazia, e com isso não construiu nada dela, vivendo na sombra do poder do pai e do irmão. Também não namorava, não deixava ninguém chegar muito perto. Helena comentou que foi se tornando uma moça cada vez mais bonita e a partir daí desenvolveu uma atitude de vingança, esnobando os rapazes, com um sentimento de desforra em relação ao período em que ela não era cobiçada por eles por ser feia e desengonçada. Carlos não lhe dava atenção, e ela o queria porque ele era bonito; também acabou se sentindo atraída pelo jeito meigo e afetivo com que ele se expressava.

Carlos comentou durante uma sessão que se casou com Helena pensando em tirar sua máscara, sentindo necessidade de tirá-la da família dela. Pensava: "Essa menina tem que ver que a vida é diferente, tem outras coisas além do que ela vive. Tem que enxergar outras coisas boas e simples". Interrogado que coisas seriam essas, ele riu e respondeu "eu", comparando-se com um tesouro escondido, esperando ser descoberto. Ele disse que tinha muito amor e carinho para dar, mas tudo escondia, temendo ser desvalorizado e destruído

92

por ela. Queixou-se de que Helena quebrava as coisas de que ele gostava, dirigia seu carro com raiva etc.

Na sessão seguinte, ao expressar para o casal uma percepção sobre algo que eles estavam tratando, a terapeuta fez um gesto com a mão, com se fosse um chicotear. Foi um movimento tão forte que provocou um impacto no casal, associando-o à dinâmica deles. Comentaram que desde o início do relacionamento eles se maltratavam, escondendo o que de bom cada um tinha para dar ao outro, e só podendo mostrar raiva, ironia e deboche.

Helena trouxe para a relação conjugal um comportamento competitivo, defensivo, herança de sua dinâmica familiar. Carlos, inseguro, preso e dependente da figura materna, transferiu o desejo de continuar sendo protegido e poupado pela esposa e pela família dela, da qual sentia raiva por não receber o tanto de ajuda que gostaria de ter. Essa ajuda continuava vindo de sua mãe.

Essa dinâmica conjugal era marcada pelo desejo frustrado de Carlos de que a esposa olhasse e enxergasse as coisas para as quais ele olhava, como se ela estivesse vendo com os olhos dele, experimentando os diferentes momentos da vida no mesmo clima que ele. Ele desejava reproduzir na relação conjugal uma união urobórica. Como isso não ocorria, ele a definia como uma pessoa superficial, frívola, que não amadurecera. Helena, presa à *persona* familiar de sucesso e poder, identificava sensibilidade com fraqueza e incompetência, que circunstancialmente se confirmava na figura do marido. Ela se frustrava, buscando o pai no marido, alguém poderoso, esperto, que decidia e mandava.

Ele, portador de uma personalidade com forte predomínio do dinamismo matriarcal, devorado pelo mundo materno, buscava reproduzir essa situação em várias situações de vida. Desejava ser protegido, mas sentia raiva e inveja inconfessa daqueles que tinham o poder de fazê-lo. Ela, ao contrário, filha do "corredor" (onde era colocada por chorar demais quando bebê), aprendeu precocemente a reprimir seus sentimentos, dissociando-se cada vez mais de suas necessidades de amor e acolhimento. Ele não conseguira se libertar o suficiente do mundo materno, e ela não conseguira sentir-se pertencente a esse mesmo mundo o suficiente, sem se sentir ameaçada quando se tratava de amar e se entregar. Eros e Phallos eram inimigos nessas personalidades e, conseqüentemente, nesse casamento. Aqui o amor foi substituído pelo poder.

Numa sessão, Helena comentou que sempre que se referia à sua mãe, sentia uma dor profunda na coluna. Foi pedido que ela criasse, no espaço terapêutico, um ambiente em que conseguisse uma intimização com essa dor. Helena sentou-se no chão, cercou-se com almofadas e pediu que fosse reduzida a iluminação da sala. Revelou que a dor a levava para um buraco muito fundo, onde ela estava muito só, e que a única pessoa que poderia ajudá-la era Carlos. Ela então pediu que ele se sentasse atrás dela e a cingisse num abraço, que fosse tão terno que poderia se sentir desmanchando.

Essa vivência deu um novo alento à relação deles. Só a partir daí ela pôde perceber e aceitar que nunca conhecera uma forma de amor em que se sentisse amada e acolhida. Inconscientemente, ela buscava viver isso através do parceiro, mas sua dor e o medo da rejeição faziam com que se defendesse contra aquilo que mais necessitava. Pior ainda, passou a atacar e desvalorizar, também numa atitude invejosa, a afetividade transbordante do marido. A projeção do *animus*, responsável pela escolha amorosa de Helena, era uma tentativa criativa de sua psique se reconectar com seu mundo instintivo, com sua afetividade tão cortada. Mas essa forma de expressão psíquica foi subjugada por uma *persona* estereotipada, mantida a serviço da busca de afeto e aprovação familiar. Ela passou a desvalorizar na personalidade do marido aquilo que estava inconsciente e rejeitado nela própria.

Quanto a Carlos, o seu processo psicológico nos mostra uma projeção de *anima*, que, do ponto de vista prospectivo, lhe daria a medida da força que necessitava para enfrentar as forças esmagadoras contidas no seu inconsciente e que ele as projetava na mãe, na esposa, na família dela e no mundo que não lhe abria as portas para lhe facilitar a vida. Ele desejara casar-se com Helena, tirar-lhe a máscara de poder, arrancá-la da família de origem. Ele projetava nessa relação justamente aquilo que deveria ser conscientizado como sua própria tarefa: lutar contra a força paralisante da vivência incestuosa, que impedia seu desenvolvimento. Ele tinha que se arrancar, se desgrudar do grande abraço materno que simbolizava sua morte psicológica.

Ambos tinham que nascer para o mundo enquanto personalidades separadas do mundo dos pais. Essa era a vivência simbólica inconsciente, contida nas brigas do casal. Ambos buscavam seus tesouros na relação com o outro, ou seja, buscavam se reconectar com seu *Self* numa luta que, antes de tudo, era uma luta interna, pessoal e arquetípica. Ele precisava criar meios de sair de onde nunca saíra, e ela precisava de caminhos para penetrar onde nunca se instalara. Eles começaram a se agredir menos e se aceitarem um pouco mais quando se aperceberam da profundidade psicológica que o casamento continha. Mas como as defesas eram muito arcaicas, uma análise individual para cada um deles foi necessária, para ajudá-los nesse processo.

Esse exemplo clínico ilustra o pensamento de Jung sobre a importância do sacrifício da libido que anseia pela condição original de ser envolto pela mãe, e que é da nostalgia desta imagem que o homem descobre e cria o mundo. A ênfase no sacrifício dessa ligação com o mundo infantil aparece em vários trechos de sua obra, para que, num momento posterior do desenvolvimento, seja possível ocorrer novamente essa volta ao mundo materno, mas como um movimento de união do eu com o inconsciente, matriz transformadora da libido, agora em progressão.

Esse postulado teórico de Jung poderia ser tomado não só como um caminho de individuação, mas também como uma descrição do simbolismo do casamento. Por intermédio da difícil vivência da conjugalidade, onde os parceiros experimentam múltiplas situações ligadas ao mundo arcaico materno, pela própria intimidade física e psicológica que essa situação impõe, as personalidades podem se renovar e se transformar a partir dos diversos símbolos que possibilitam a estruturação desse relacionamento.

## NÍVEIS DE REPRESENTAÇÃO SIMBÓLICO-ARQUETÍPICA DO CASAMENTO

Qualls-Corbett escreve sobre o arquétipo do casamento, que, segundo a sua visão, se manifesta em três níveis: interpessoal, intrapessoal e transpessoal. Esses níveis são distintos entre si, mas se influenciam mutuamente e participam na simbólica do casamento sagrado (15).

"O matrimônio sagrado, em nível interpessoal, existe quando duas pessoas estão abertas aos sonhos ou à desesperança numa experiência compartilhada, na qual a vulnerabilidade é considerada preciosa, e na qual a crença no outro é admitida e comunicada numa variedade de maneiras. (...) O outro é mais claramente visto e querido por aquilo que verdadeiramente é. Experimenta-se a sensação de liberdade ao se explorar a profundidade do próprio e verdadeiro ser quando se está ligado a alguém a quem se ama, o que estimula o desenvolvimento e a criatividade. No ato literal de fazer amor, a experiência de 'derreter juntos', como diziam os alquimistas, ainda que por um breve momento, é análoga à consumação do matrimônio sagrado. Os dois se unem na presença do terceiro divino." (15)

No nível intrapsíquico, a experiência da união dos opostos permite a integração de conteúdos da *anima* e do *animus* à consciência. A autora compara a vivência de medo e fascinação que esse fenômeno traz com o encontro de um grande amante.

Ela descreve o casamento dos opostos psíquicos:

"Começa-se então a reconhecer e a valorizar a alma, o espírito. As funções racionais e irracionais tornam-se companheiras, respeitando-se e ensinando-se mutuamente. Sementes de criatividade do inconsciente amadurecem na consciência. Quando os opostos se reconciliam, impulsos criativos desenvolvem-se no sentido das ações: não ficam apenas em plano sonhador e longínquo. A responsabilidade em relação ao próprio desenvolvimento é assumida com força recém-descoberta, e é mantida. Não mais se culpam as circunstâncias externas pelos próprios fracassos. Em vez disso, desenvolve-se a determinação de fazer as coisas acontecerem, de sentir novos sentimentos, de reformular a própria imagem."

"Quando o matrimônio sagrado ocorre no nível intrapessoal, laços antigos a crenças e pressupostos coletivos afrouxam-se. A pessoa abre-se a novas abordagens para problemas antigos, se é que os problemas continuam a ser vistos como tais. O senso de humor, que é importante ingrediente da saúde psíquica, pode vir a desenvolver-se. A pessoa fica mais propensa a ter empatia por outras pessoas, respeitando as diferenças. Os princípios masculinos e femininos são reconhecidos como parceiros iguais na consciência."

"A nível transpessoal, o matrimônio sagrado envolve o mistério da transformação do físico para o espiritual, e vice-versa. Cada pessoa conecta-se com o universo como se fosse célula única no organismo do campo planetário da consciência. A partir da união do humano com o divino, a Criança Divina nasce. A Criança Divina é a vida nova — vida com nova compreensão, vida portadora de visão iluminante para o mundo." (15)

A descrição desses três níveis evidenciam a força com que eles se intersectam no relacionamento conjugal. Quanto aos dois primeiros, o interpessoal e o intrapessoal, se referem a tudo que já foi explorado nesse trabalho, dentro de um prisma teórico e técnico da psicologia, sem pensar o homem no campo metafísico. Esses níveis, considerando o processo do desenvolvimento psicológico, se referem às etapas da vida em que o ego se constrói a partir de todas as demandas do mundo interno e externo, num constante renovar.

O nível transpessoal se refere ao mundo do inconsciente coletivo, dos arquétipos, substrato da psique, cujo acesso só pode se dar de forma indireta, e por meio de manifestações com as quais estabelecemos algumas correlações. Essas manifestações, mesmo presentes em todo desenvolvimento, serão mais exuberantes em etapas posteriores da vida, quando os problemas dos opostos psíquicos já estiverem melhor elaborados. A influência desses conteúdos será cada vez mais crescente a partir da segunda metade da vida, segundo Jung, quando o indivíduo terá mais condição de se apropriar deles sem que isso seja uma ameaça à organização egóica.

Mais uma vez, fica claro o papel do casamento no processo de individuação. O outro é sempre um representante simbólico do inconsciente de seu par, e até que partes importantes da própria psique não tenham sido integradas, o cônjuge, assim como o terapeuta, age substituindo a função transcendente do outro, ajudando a unir a consciência e o inconsciente. A conseqüência dessa aproximação dos opostos é o surgimento de um terceiro novo elemento: *tertium non datur*, que surge da cooperação do inconsciente com o consciente e vice-versa. Esse terceiro novo elemento pode ser compreendido como um resultado da condição diferenciada da psique em lidar com os conflitos de opostos. É o resultado de um grande sacrifício, que nasce do inconsciente, mobilizando a consciência numa nova visão, que não coincide com aquela que estava encravada na instância psíquica inconsciente e nem com aquela antiga, que arrastava o ego para a estagnação.

Qualls-Corbett descreve a simbólica do casamento, vista através do processo acima descrito:

"Psicologicamente, o matrimônio sagrado simboliza a união dos opostos. É a aproximação, em igualdade de *status*, do princípio masculino e do feminino, a conjugação da consciência e da inconsciência, do espírito e da matéria. É processo místico através do qual elementos desconectados reúnem-se para formar o todo. Na consumação do *hieros gamos*, sexualidade e espiritualidade são aspectos integrais, cada um extraindo vitalidade do outro. Esse processo psíquico, escreve Jung, efetua 'a terralização' do espírito e a espiritualização da terra, a união dos opostos e a reconciliação dos divididos." (...) "A necessidade psicológica simbolizada pelo matrimônio sagrado é o movimento da psique em direção à totalidade. O equivalente moderno mais próximo é o sacramento do santo matrimônio." (15)

O valor desse processo é inestimável para o indivíduo, para o casamento e para a sociedade, pelo fato de o homem individuado ser potencialmente um agente transformador na evolução da humanidade.

VIII

# O PROCEDIMENTO

## O SÍMBOLO E O SISTEMA COMPENSATÓRIO DA PSIQUE

Jung se refere ao símbolo, "como o termo que melhor traduz um fato complexo e ainda não claramente apreendido pela consciência" (12).

Byington compreende a psicologia analítica como um estudo da psicologia simbólica, em que a estruturação da personalidade e da consciência se faz através dos símbolos.

Para este autor "o símbolo e a função simbólica são manifestações da energia psíquica através das coisas e dos acontecimentos". Assim "todas as representações que operam no campo psíquico são símbolos". Ele compara a psique com uma semente que se serve tanto dos elementos bons (a terra, a chuva, o vento, os insetos etc,) quanto ruins (a seca, a geada etc) que a natureza lhe oferece para processar o seu desenvolvimento. O "bom" e o "ruim" são apenas uma expressão para exemplificar a bipolaridade do símbolo. "O símbolo e a função simbólica são as formas de expressão dos arquétipos. Como estes, a função simbólica sempre se expressa por símbolos." Estes aglutinam energia psíquica consciente e inconsciente e são conduzidos à consciência. "Ao entrar na consciência, o símbolo pode trazer algo novo e produzir uma desarrumação na ordem vigente. Por isso, o novo, apesar de necessário e criativo, sempre incomoda, sendo mesmo, muitas vezes, temido e capaz de produzir ansiedade." (...) "A indiscriminação é seguida da elaboração do símbolo", que facilita a sua discriminação na consciência. "Esta se faz através de várias polaridades, mas nunca o esgota"; "...apesar de diminuir sua indiscriminação *no contexto* em que foi constelado, em outro contexto, porém, pode apresentar um grau intenso de indiscriminação". O processo de indiscriminação-elaboração-discriminação é contínuo na psique e "a estruturação da consciência e da identidade não cessa nunca, o que torna a mudança, a criatividade, a dúvida, a insegurança e a ansiedade normais na estruturação da consciência''. Dois outros aspectos importantes quanto ao processo de elaboração simbólica é que esta "se faz de acordo com a tipologia individual de cada um'', e em geral é assimétrico, isto é, um pólo de um símbolo pode ocupar primeiro à consciência em detrimento do outro, por diferentes razões (4).

Seguindo essa concepção na terapia de casal, os conteúdos emocionais e verbais dos diálogos, gestos, sonhos, fantasias, imagens mentais ou corporais, descontinuidade de pensamento, reações desproporcionais e irracionais etc. constituem símbolos que gradualmente vão sendo elaborados na relação triangular: os dois parceiros e o terapeuta. Essa circunstância favorece a transferência do triângulo edipiano em várias dimensões. Nesse momento, não faz parte dos objetivos deste trabalho se ater a este aspecto.

O símbolo e a elaboração simbólica podem ser melhor compreendidos quando vistos a partir do sistema auto-regulador inconsciente da psique. A formação do símbolo e sua elaboração é o próprio caminho desse sistema, impedindo uma unilateralidade nociva e neurótica da consciência, incompatível com o processo de individuação.

A unilateralidade da consciência, às custas da repressão da função reguladora, não garante que as influências inconscientes se manifestem traiçoeiramente, trazendo, muitas vezes, conseqüências desagradáveis.

"... as pessoas que menos conhecem o seu lado inconsciente são as que mais influência recebem dele, sem tomarem consciência disto. A participação secreta do inconsciente no processo da vida está presente sempre e em toda parte... ." (12)

Portanto, é preciso criar meios adequados para a consciência se relacionar com conteúdos do inconsciente, para que a função de auto-regulação da psique possa garantir nossa saúde mental e física.

Já discutimos anteriormente que o casamento pode ser um dos caminhos mais férteis para nossa individuação, sendo assim um dos caminhos que mais nos permitem entrar em contato com nosso inconsciente, via projeção.

A psicoterapia de casal deve ajudar o casal a desenvolver os meios adequados para que os conteúdos inconscientes se apresentem à consciência, para que possam ser elaborados dentro da dinâmica da conjugalidade.

A possibilidade desse confronto com a sombra é fundamental para o indivíduo e para o casamento, pois abre um caminho para que cada cônjuge restabeleça, cada vez mais profundamente, a conexão com seu padrão pessoal, muitas vezes rejeitado.

Vale a pena ressaltar que nem sempre isso é possível. Às vezes, um confronto dessa natureza cria um abismo irreconciliável entre o casal, precipitando uma separação.

Jacobi fala que:

"o neurótico não teme nada tanto como o encontro com sua realidade externa e interna; por isso, ele prefere pensar a vida em lugar de vivenciá-la. E, assim, permanece freqüentemente agarrado, com incrível tenacidade, aos seus complexos, mesmo que aparentemente sofra com eles de maneira insuportável e empreenda tudo para livrar-se deles" (8).

Essa dinâmica individual aparece de forma intensa no casamento e é mantida nele. Observamos freqüentemente entre os casais situações que refletem o que a autora afirma: quando se reprime um conteúdo pela incompatibilidade com seu oposto, o indivíduo imagina ter-se libertado do conflito, mas, na realidade "ganha-se o sofrimento de um problema impróprio, que é sofrer de várias perturbações e sintomas neuróticos" (8).

## ABORDAGEM DOS COMPLEXOS NA TERAPIA DE CASAL

Diante de um casal, o que mais nos mobiliza é seu sofrimento, seu desejo de acertar. Cada casal é único, e, portanto, as hipóteses teóricas sobre suas dificuldades devem ser construídas junto com o processo da terapia, apenas e tão-somente como um dos vários caminhos possíveis.

Como qualquer procedimento em psicoterapia, a empatia do terapeuta em relação ao casal, ao sofrimento que eles experimentam, e, principalmente, em relação às suas "brigas" é fundamental. O terapeuta deve fazer uma aliança com o casal, deve ter esse casal internalizado para que possa fazer intervenções empáticas no nível das defesas conjugais complementares. Numa atitude contratransferencial, experimentamos nas sessões emoções distantes da vida consciente do casal, e que devem ser postas a serviço do tratamento, muitas vezes explicitamente.

Recordo o início de uma sessão em que a esposa reclamava da atitude grosseira com que o marido a tratou diante de seus pais, "uivando" com ela. Ele se defendeu dizendo que se descontrolou porque ela não parava de "latir" no ouvido dele. A forma como eles se referiram um ao outro me deixou perplexa e, ao mesmo tempo, achei engraçado. Rindo, exclamei: "Ah! Quer dizer que se trata de um bicho feroz casado com uma cadela! É isso?". Eles também experimentaram uma forma de perplexidade, seguida imediatamente de uma autocrítica bem-humorada, rara na convivência entre eles. Essas intervenções podem ser de várias ordens. Cada casal responde melhor a um tipo de linguagem, a uma diferente forma de abordagem. Existem conflitos que tornam os cônjuges mais defendidos, enquanto outros estão mais abertos aos confrontos. A natureza dos conflitos, a condição psicológica dos parceiros, a relação com o terapeuta, os diferentes momentos da terapia, e até mesmo o tipo psicológico dos mesmos são elementos que devem ser levados em consideração quanto à forma de intervir.

O nível da intervenção pode variar de pequenos confrontos relacionados a certas concepções de vida, ligadas a alguns preconceitos, até a vivências simbólicas que atingem áreas e conflitos muito penosos da psique.

Na primeira situação, quando os preconceitos são submetidos a condições mais esclarecedoras, podem ser corrigidos e a atitude consciente pode ganhar uma nova orientação. Isso pode ocorrer com casais em que o nível do conflito é mais circunstancial, ou mesmo com casais com uma problemática mais acentuada, que também podem se beneficiar dessa abordagem, quando se trata de assuntos que exigem ser assim conduzidos. Essa pode vir a ser uma estratégia para diminuir tensões geradas por outros conflitos, que naquele momento são difíceis de ser tocados.

Quando a problemática conjugal é mais complexa, exige-se um arsenal maior de recursos.

O conhecimento intelectual do complexo não basta para que ele deixe de perturbar a vida consciente de uma pessoa. É preciso que tomemos contato emocional com seus conteúdos, para que seja possível sua dissolução e a integração desses conteúdos à consciência. E o caminho é sempre via símbolo.

Dentro dessa perspectiva, Jacobi define o símbolo como:

> "uma espécie de instância mediadora entre a incompatibilidade do consciente e do inconsciente, um autêntico mediador entre oculto e o revelado.
> Ele não é nem abstrato nem concreto, nem racional nem irracional; é sempre ambos. [Pertence à] 'esfera intermediária da realidade sutil', que só se pode expressar, de modo suficiente, através do símbolo" (8).

Os casais que buscam ajuda, em geral, estão expressando sua estruturação simbólica mediante defesas neuróticas, psicopáticas ou psicóticas na sombra patológica. Os símbolos estão vivos, mas não estão podendo ser eficazmente discriminados.

Segundo Byington:

"As defesas que caracterizam a vivência patológica dos símbolos têm duas funções principais: uma é não permitir que os símbolos entrem na consciência e outra é que eles sejam vivenciados, ainda que de forma relativamente indiscriminada e, por isso, existencialmente inadequada. Isso faz com que os símbolos funcionem, na patologia, com seu processo de discriminação incompleto e até mesmo deformado." (4)

A intervenção terapêutica busca dissolver essa dinâmica, que, na conjugalidade, se potencializa, servindo à complementaridade neurótica do casal.

## ALGUNS DADOS TÉCNICOS

Em função da complexidade simbólica da psique, deve-se buscar tantos caminhos quantos forem possíveis, ajudando o casal na expressão de conteúdos inconscientes que contêm os símbolos da individuação de cada um, a serem elaborados na vivência conjugal. Transcrevendo Jung:

"Quando não há produção de fantasias, precisamos apelar para a ajuda artificial." (...) "Deve-se tomar, portanto, o estado afetivo inicial como ponto de partida do procedimento, a fim de que se possa fazer uso da energia que se acha no lugar errado. O indivíduo torna-se consciente do estado de ânimo em que se encontra, nele mergulhando sem reservas e registrando por escrito todas as fantasias e demais associações que lhe ocorrem. (...) Esta assim chamada 'associação livre' desvia o indivíduo de seu objeto, conduzindo-o a todos os tipos de complexos a respeito dos quais nunca se tem certeza se estão relacionados com o afeto e não são deslocamentos que surgiram em lugar dele. (...) O procedimento em questão é uma forma de enriquecimento e ilustração do afeto e é por isso que o afeto se aproxima, com seus conteúdos, da consciência, tornando-se, ao mesmo tempo, mais perceptível e, conseqüentemente, também mais inteligível. (...) De qualquer modo, ela ocasiona uma situação, porque o afeto, anteriormente não relacionado, converte-se em uma idéia mais ou menos clara e articulada, graças precisamente ao apoio e à cooperação da consciência. Isto representa um começo da função transcendente, vale dizer da colaboração de fatores conscientes e inconscientes." (12)

Desta colaboração surge uma imagem, um som, um gesto, um desenho, uma fantasia etc., que é "um produto que corporifica o anseio de luz, por parte do inconsciente, e de substância, por parte da consciência" (12).

Em termos da técnica, encontramos em Jung referências importantes.

"A atenção crítica deve ser reprimida. Os tipos visualmente dotados devem concentrar-se na *expectativa* de que se produza uma imagem interior. (...) Os tipos audioverbais em geral ouvem palavras interiores. (...) Há pessoas, porém, que nada vêem ou escutam dentro de si, mas suas *mãos* são capazes de dar expressão concreta aos conteúdos inconscientes." (12)

Assim, tanto do ponto de vista teórico quanto do ponto de vista da prática clínica, encontramos respaldo para um trabalho dessa natureza com casais. A mobilização dos afetos por meio de vivências expressivas tem se mostrado bastante eficaz, não só pelo contato com o material mais inconsciente, como também na elaboração simbólica dos mesmos. Os recursos imagéticos podem ser mobilizados por meio de muitas técnicas, inclusive dramatizações e jogos dramáticos, como já foi exemplificado nos casos anteriormente descritos.

O fantasiar tem sempre um substrato corporal. Os gestos, por exemplo, são fontes inesgotáveis como caminhos para restabelecer conexão entre o ego e os afetos dele dissociados, porque no corpo está contida nossa história.

"O corpo é o protagonista do drama (...) O corpo dá forma à fantasia, aos desejos, concretiza nossos pensamentos, (...) torna possível e real a fantasia." (2)

Podemos sempre encontrar uma base corpórea ligada às fantasias.

"Fantasiar com o corpo é entrar nesse mundo de imagens. É incorporar a imagem, contemplá-la, e vivê-la através das informações proprioceptivas e viscerais." (1)

Em uma das sessões do casal C, Luiz dizia que, mesmo gostando de Beatriz, estaria disposto a se separar dela porque não suportava mais suas crises agressivas. Ele fez um gesto espontâneo, afastando as palmas das mãos e criando um grande espaço entre elas, dizendo que conseguiria abafar seus sentimentos. Esse gesto foi experimentado por Luiz como um símbolo de como ele organizou sua vida afetiva. Mais do que abafar seus sentimentos, esse gesto mostrava a dissociação entre seu mundo consciente e as emoções contra as quais precisava se defender. Beatriz correspondia, dentro do universo psicológico de Luiz, às emoções não expressas, à carência não revelada. Aquele gesto representava sua estrutura defensiva também na conjugalidade. De uma certa forma, ele contribuía, com a sua frieza e objetividade, para que ela respondesse emocionalmente descontrolada. Ela trazia para a relação aquelas emoções que ele buscava, cuidadosamente, manter dissociadas de sua conduta consciente. Assim, Luiz rejeitava em Beatriz aquilo que não suportava experimentar. Porém, paradoxalmente, mantinha-se ligado a essas emoções, através da relação projetiva estabelecida com a esposa. A força desse símbolo ficou sempre muito presente em nosso trabalho, valendo a pena lembrar aquela cena, já relatada, em que ele, ao sentar-se ao lado da esposa, foi tomado por uma emoção incomum, que o fez chorar.

Essa situação nos mostra como o espaço conjugal favorece o processo de elaboração simbólica e que encontramos na complementaridade dos parceiros o fator curativo de compensação psíquica, a ser incorporada por cada um por meio da retirada das projeções sobre o outro.

Os símbolos, na perspectiva da psicologia analítica, são considerados bipolares e têm múltiplos sentidos. A elaboração simbólica se faz tanto na direção redutiva-causal, quanto na direção construtiva-prospectiva.

Nessa segunda abordagem, o conflito pode ser visto, não mais como um problema pessoal a ser resolvido em função dos primeiros objetos internalizados, mas como um conflito que diz respeito ao desenvolvimento de todo ser humano.

Jung traduz esse pensamento em vários pontos de sua obra.

"Mas a referência aos pais só é em si uma maneira de falar. Na realidade este drama acontece numa psique individual, na qual os 'pais' não são eles mesmos mas apenas as suas imagens, aquelas idéias que se originaram do encontro da personalidade dos pais com a disposição individual do filho." (13)

"Primeiramente, ela (a criança) toma consciência somente dos instintos e daquilo que se opõe a eles. E tais são seus pais visíveis. É por essa razão que a criança tem noção de que aquilo que a inibe poderia estar dentro dela mesma. Certa ou errada, ela o projeta em seus pais. Este preconceito infantil é tão tenaz, que nós, médicos, muitas vezes temos ainda a maior dificuldade de convencer nossos pacientes de que o pai malvado, que proíbe tudo, está mais dentro do que fora deles mesmos. Tudo que atua a partir do inconsciente aparece projetado nos outros. Não que os outros sejam totalmente isentos de culpa, pois mesmo a pior projeção está presa a um gancho, que, por muito pequeno que seja, é ainda um gancho oferecido por outrem." (13)

"Naturalmente, o homem ingênuo não percebe, ao nível da consciência, que seus parentes mais próximos, cuja influência sobre ele é direta, só em parte coincidem com a *imagem* que deles tem; a outra parte dessa imagem é constituída de um material que procede do próprio sujeito. A *imago* nasce das influências dos pais e das reações específicas do filho; por conseguinte é uma imagem que reproduz o objeto de um modo bem condicional. O homem ingênuo crê, porém, que seus pais são tais como ele os vê. A imagem é projetada inconscientemente e, quando os pais morrem, continua a atuar como se fosse um espírito autônomo." (10)

Jung propõe:

"O trabalho que agora temos pela frente é elevar as relações já compreendidas no *nível do objeto* para o *nível do sujeito*. Com essa finalidade, temos que libertá-las como representações simbólicas de complexos subjetivos..." (10).

Esse trabalho é bastante penoso. Situa o indivíduo em relação a ele próprio, fazendo com que reconheça a dependência de suas atitudes conscientes de partes de sua psique, o que deve levá-lo a tomar para si a responsabilidade no seu processo de transformação, retirando do par essa responsabilidade, que muitas vezes lhe é exageradamente atribuída.

As técnicas dramáticas fazem desse procedimento uma experiência que permite ao indivíduo reunir, num só contexto, a dimensão do objetivo e do subjetivo, e trabalhar com o papel dos parceiros, na relação conjugal, dentro dessa dimensão simbólica. Assim, os parceiros podem ser desidentificados das projeções mútuas, enquanto representantes de conteúdos que dizem respeito tanto do nível do "objeto", ou seja, como portadores de complexos patológicos sombrios, quanto do nível do "sujeito", ou seja, enquanto portadores de complexos sadios arquetípicos. De qualquer forma, considerando esse segundo nível, sempre o outro receberá algum tipo de projeção, pois esse é um mecanismo contínuo da psique.

A presença viva do par no processo terapêutico traz a possibilidade de se formular o conteúdo inconsciente por meio do entendimento de sua formulação personificada na figura do parceiro. Com isso inicia-se o confronto entre os cônjuges, que tem na sua base um confronto entre o ego e o inconsciente de cada parceiro.

Jung nos orienta quanto a esse procedimento:

"... dificilmente percebemos que ambos, *anima* e *animus*, são complexos autônomos que constituem uma função psicológica do homem e da mulher. Sua autonomia e falta de desenvolvimento usurpa, ou melhor, retém o pleno desabrochar de uma personalidade. Entretanto, já podemos antever a possibilidade de destruir sua personificação, pois conscientizando-os podemos convertê-los em pontes que nos conduzem ao inconsciente. Se não os utilizarmos intencionalmente como funções, continuarão a ser complexos personificados e nesse estado terão que ser reconhecidos como personalidades relativamente independentes. Por outro lado, não podem ser integrados à consciência enquanto seus conteúdos permanecerem desconhecidos." (10)

Podemos olhar mais tecnicamente para esse aspecto por meio de uma imagem feita por Renata para expressar sua situação conjugal. Ela estava sentada de lado, com os dois braços sobre o ombro direito, meio curvada e fazendo força para puxar "o marido, como se ele fosse um peso". Na sua percepção, ele era acomodado e, se não fosse ela, tudo ficava estacionado.

Muitas sessões foram necessárias para elaborar esse gesto. Nele estava contido o desejo de ter no marido um aliado para os seus projetos, sua ambição, a força que fazia para ter sucesso na vida etc. Mas continha também uma relação sombria com seu *animus* de exigência e julgamento, que não lhe permitia relaxar, parar para ter prazer. Era isso que ela não aceitava no marido, que se sentava para ver televisão e não se sobrecarregava de projetos e obrigações. Ela estava atada a um *animus* exigente, cuja raiz edípica se evidenciava em seu histórico de vida familiar. Ela era a "queridinha do pai", seguiu a mesma profissão dele e não podia decepcioná-lo.

A imagem corporal de Renata, que expressava o peso do marido na sua vida, era só a ponta do *iceberg*. Uma exploração cada vez mais profunda abriu caminho para atingir camadas mais arcaicas de sua psique, permitindo o início de uma elaboração simbólica nos dois níveis, do *objeto* e do *sujeito*.

Essa postura clínica diante da expressão simbólica corporal de um paciente encontra respaldo teórico no dizer de Jung:

"Algo atua por detrás do véu das imagens fantásticas, quer lhe atribuamos um nome bom ou mal. Trata-se de algo de verdadeiro, razão pela qual suas exteriorizações vitais devem ser tomadas a sério. Deve-se, no entanto, superar de início a tendência à concretização, ou melhor, não devemos tomar a fantasia ao pé da letra ao tentarmos interpretá-la. Enquanto estivermos tomados pela fantasia, é bom que nos entreguemos a ela, e nunca será demais. Mas quando quisermos compreendê-la, não devemos confundir a aparência, a imagem da fantasia com o que atua por detrás dela. A aparência não é a coisa mesma, mas apenas a sua expressão." (...) "A fantasia é uma expressão, uma aparência de algo desconhecido, mas real." (12)

107

Ajudando o casal a fazer essa distinção entre os aspectos objetivos e subjetivos do significado simbólico profundo contido numa fantasia, como esta que descrevemos acima, por exemplo, criamos condições para que ambos se relacionem, conversem, briguem, enfim, entrem em contato com conteúdos do seu inconsciente, ao invés de serem possuídos por estes, e projetá-los no parceiro. Samuels escreve sobre essa forma de abordagem:

"... as imagens arquetípicas precisam ser despojadas de seu poder e de sua autonomia mediante uma 'mudança de 'nomes'; é preciso tornálas inteligíveis no nível pessoal e evitar uma polarização entre o 'numinoso' ou o que inspira fascínio e o lugar-comum. Caso isso aconteça, se o ego pode conseguir tal integração, então a personalidade se enriquece. Faz parte da habilidade terapêutica promover essa transição" (16).

Às vezes, é necessário muito tempo para que um casal reconheça suas defesas e as entenda como uma expressão simbólica daquilo que não se pode expressar naquela relação. Os limites com os quais nos deparamos no trabalho clínico nos levam, em certas situações, a pensar que nada mais pode ser feito por aquele casal, que só briga, só ataca, que se interpreta sempre de forma tão distorcida, que tira o pior do outro e dá o pior de si. Muitas vezes, pensamos que seria melhor que se separasse. Mas essa é uma decisão que deve partir dele. No nosso papel de terapeuta, vamos tentando desmanchar um pequeno nó aqui, outro acolá, e trabalhar com nossos sentimentos de impotência-onipotência, considerando os limites de cada situação.

# IX

# CONCLUSÃO

"Laurens van der Post possui um pequeno arco-e-flecha feito pelos bosquímanos do deserto do Kalahari. Ali, se um jovem está interessado numa jovem, ele faz esse arco-e-flecha. Os bosquímanos podem armazenar gordura em suas nádegas, a qual forma uma saliência, e em épocas difíceis eles podem viver dessa reserva de gordura. O jovem dispara a flecha para atingir essa parte do corpo da moça. Ela retira-a e olha para ver quem a atirou; se aceita as atenções do rapaz, vai até ele e devolve-lhe a flecha, mas, caso contrário, quebra-a e calça-a aos pés. Eles ainda usam o arco de Cupido! Vemos por que razão Cupido, o Deus do amor na Antiguidade, tinha um arco-e-flecha! Podemos interpretar a flecha, psicologicamente, como uma projeção, o projétil. Se projeto o meu *animus* num homem é como se uma parte de minha energia psíquica fluísse para esse homem e, ao mesmo tempo, me sentisse atraída por ele. Isso atua como uma flecha, uma quantidade de energia psíquica que é muito penetrante. De súbito, ela estabelece uma conexão. A flecha dos bosquímanos do deserto do Kalahari diz à moça: "A libido da minha *anima* tocou em você", e ela aceita ou não. Mas a jovem não guarda a flecha, ela devolve-a; isto é, ele tem de receber de volta a projeção mas, através dela, uma relação humana foi estabelecida. Todo o simbolismo do casamento está aí contido." (21)

Esse conto situa arquetipicamente a vivência psicológica da conjugalidade, mostrando-a através de dois grandes movimentos da energia psíquica, sob a égide dos arquétipos *anima-animus*, que são os arquétipos do *coniunctio*.

O primeiro movimento diz respeito à projeção dos conteúdos da *anima* e do *animus* sobre alguém que a recebe; e o segundo mostra a importância da integração do conteúdo projetado, pelo reconhecimento da consciência daquilo que lhe pertence.

Esses dois movimentos são fundamentais para o estabelecimento e a manutenção de uma relação, permitindo uma constante transformação desta, uma vez que o inconsciente que é a fonte da libido, e de onde fluem os elementos psíquicos está sempre em contínua atividade.

A separação de um casal também pode ser compreendida a partir desse processo psíquico. O mecanismo projetivo, presente no momento da escolha de um parceiro, cumpre seu papel criativo, ao permitir que um indivíduo se separe de conteúdos psíquicos antes indiscriminados para a consciência. A projeção é um passo importante para o desenvolvimento da personalidade. Uma vez projetados, esses conteúdos ganham forma, voz, movimento, são personificados na figura do outro. Se esse outro recebe essa projeção, estabelece uma relação de complementaridade mútua, que pode ter uma longa duração, contribuindo para a evolução criativa ou neurótica de um relacionamento conjugal. No entanto, o fato de a psique ter a propriedade de integrar novamente aqueles conteúdos projetados favorece, em alguns casos, a separação dos cônjuges. Isso porque um deles, ou ambos, não necessitam mais do outro como hospedeiro de elementos psíquicos, aos quais cada um, a partir da assimilação consciente desses aspectos, passa abrigar dentro de si. E se mais nada resta para esse casal, após o confronto consigo mesmo, por meio da relação com o parceiro, a separação se constitui um caminho possível para a individuação de ambos, um caminho aberto para a transformação dessas personalidades.

Assim, Jung se posiciona:

"A contínua conscientização das fantasias (sem o que permaneceriam inconscientes), com a participação ativa nos acontecimentos que se desenrolam no plano fantástico, tem várias consequências, como pude observar num grande número de casos. Em primeiro lugar, há uma ampliação da consciência, pois inúmeros conteúdos inconscientes são trazidos à consciência. Em segundo lugar, há uma diminuição gradual da influência dominante do inconsciente; em terceiro lugar, verifica-se uma transformação da personalidade." (...) "A conscientização e vivência das fantasias determinam a assimilação das funções inferiores e inconscientes à consciência, causando efeitos profundos sobre a atitude consciente" (10).

A ativação desse processo de conscientização e assimilação de aspectos inconscientes projetados no parceiro determinam mudanças profundas em uma relação conjugal, ao permitir a entrada de novos símbolos, antes prisioneiros na sombra. E o desejo de separação é um dos símbolos que, quando discriminado adequadamente, mesmo acompanhado de graus variados de sofrimento, evita uma paralisia mútua do casal, incompatível com o desenvolvimento contínuo e necessário à personalidade.

Na prática, em geral, todo esse processo é muito complexo e doloroso para as personalidades envolvidas. Esse caminho se faz no processo de amadurecimento, em que cada um está tendo que enfrentar suas próprias lutas, defrontando-se com exigências internas e externas, para as quais muitas vezes estamos despreparados. A vida exige uma reorganização contínua da psique, mas para isso precisamos também estar continuamente abertos aos novos símbolos propostos pelo inconsciente. Isso implica uma relação de confiança ego-*Self*. O medo de sermos traídos por nosso inconsciente leva-nos a estabelecer uma relação de desconfiança e defesa em relação ao *Self*. A rejeição ao *Self* se traduz projetivamente na atitude precoce de desconfiança para com o outro.

Stein fala dessa experiência com o outro, qualquer que seja esse outro, da seguinte forma:

"Todo novo encontro humano exige um ato de fé, de confiança em que o outro não irá fazer o mal, que suas intenções são boas e honrosas, para que a relação possa prosseguir e se desenvolver. Como, absolutamente, não podemos conhecer os obscuros e intricados movimentos da alma de outro ser humano em nossos encontros iniciais, uma reação positiva depende basicamente da constelação de forças arquetípicas positivas" (17).

O autor prossegue esse pensamento dizendo que a reação de desconfiança e suspeita, às vezes, se dá só em relação às pessoas do mesmo sexo ou só em relação ao sexo oposto, e quando se trata de indivíduos mais perturbados em relação a qualquer um dos sexos.

As situações conjugais mais afetadas estão relacionadas às duas últimas situações, em que se dorme com o inimigo. Nesses casos, a conjugalidade é uma busca sofrida para restaurar internamente uma ferida de traição. Porém, os maus objetos internalizados, que buscam ser redimidos pelo amor, pela empatia do cônjuge, têm a força de tornar o indivíduo incapaz de revelar e doar aquilo que tem de melhor.

A força da imagem projetada tem efeito perturbador, tanto para o indivíduo que faz a projeção quanto para aquele que a recebe. No entanto, o caminho que essa projeção percorrerá no casamento é que determinará uma evolução criativa ou não para essa relação.

O conto transcrito anteriormente nos fala dessa vivência criativa possível no relacionamento homem-mulher envolvendo a projeção da energia dos arquétipos *anima-animus* e a possibilidade da transformação dessa relação quando essa energia arquetípica é retirada da situação que a originou. E Stein nos fala, em termos existenciais, o que está contido nessa vivência:

111

"Nesse caso, o movimento que vai da integridade da situação arquetípica original, de um lado, ao caráter incompleto da relação pessoal, de outro, é sempre acompanhado por uma experiência de dor e perda, mesmo se a transição for relativamente suave. Quando o rude contorno de proporções meramente humanas começa a emergir da fina e envolvente bruma arquetípica, sempre se tem uma sensação de desilusão. Mas, ao mesmo tempo, ganha-se um novo senso de liberdade e força." (17)

Alguns casais conseguem elaborar essa desilusão como um tributo necessário ao desenvolvimento do vínculo conjugal, reformulando as bases psicológicas sobre as quais a relação se formou.

Outros precisam da ajuda de um terapeuta de casal, pois a desilusão com o parceiro traz à tona complexos sombrios que necessitam ser confrontados e, sem a ajuda de um especialista nessa área, pode ser impossível esse confronto, tão necessário para a individuação dos cônjuges e para a reformulação da relação.

Algumas vezes, a subnutrição afetiva dos parceiros é tamanha, e a ordem do conflito é tão extremada, que, apesar do sofrimento em que se encontram, qualquer tentativa de confronto com as partes cindidas da psique é vivenciada como um ataque à integridade da identidade e portanto rejeitada. Assim a esperança de poder ajudar em algum nível esse casal reside na possibilidade de mobilizá-los para, individualmente, buscarem uma análise, que é perfeitamente compatível com a terapia do casal, simultaneamente.

Um dos maiores sacrifícios necessários a essa transformação é a perda do sentimento de dependência infantil, tão arcaica no ser humano, e para onde ele se volta sempre que se sente só e desamparado na vida.

Tornar-se autônomo permite que o outro conquiste sua autonomia, algo que, para o jogo complementar neurótico dos casais, é um verdadeiro insulto. Autonomia é tomada como sinônimo de abandono, desinteresse, egoísmo. A perspectiva de autonomia traz muita insegurança, porque, uma vez autônomo, é preciso se sustentar emocionalmente e ser capaz de assumir auto-responsabilidade pelos sucessos e insucessos resultantes dos próprios desejos e condutas. Ser dono de si mesmo costuma ser muito pesado, e, freqüentemente, estamos sempre prontos para achar um responsável por nossas frustrações.

A dinâmica oposta pode ser tão improdutiva quanto esta. O medo de ser dominado numa relação leva muitos cônjuges a desenvolver uma conduta de completa indiferença, alheios a tudo que se passa na vida emocional do outro, numa conduta de rígida assepsia para garantir sua individualidade. Um dos conflitos de mais difícil solução no casamento está relacionado ao fato de as pessoas sentirem que, quando garantem a conjugalidade, perdem sua individualidade e quando privilegiam a individualidade, correm o risco de perder a conjugalidade.

Devemos ajudar os casais a buscar uma relação de interdependência madura, em que possa existir um clima de confiança mútua, na qual cada parceiro possa se colocar o mais inteiro possível na situação conjugal.

Chegar a essa fase do relacionamento implica muita persistência, em uma busca comprometida consigo mesmo, em primeiro lugar, e com o outro, enquanto se achar que vale a pena. São os sobreviventes dessa luta que conseguem, juntos, ver o casamento como um caminho de vida, uma busca existencial, e não uma situação estereotipada de valores sociais e econômicos. Esses sobreviventes, como qualquer sobrevivente de uma situação ameaçadora, conhecem o valor do que souberam conquistar.

Isso não significa que não haverá mais conflitos e mal-entendidos entre o casal, mas que, nessa luta conjunta, puderam abrir novas portas na comunicação entre eles, que facilitarão as soluções diante de futuras dificuldades. Essas portas serão vistas como caminhos confiáveis, e não mais como ciladas.

O objetivo da terapia de casal, considerando as suas particularidades, pode ser tomado como o mesmo que Jung escreveu em relação à análise individual:

"O resultado do tratamento deve ir além da simples solução da antiga atitude patológica. Deve levar o paciente a uma renovação, a uma atitude mais sadia e mais apta para a vida. Muitas vezes isso implica uma modificação radical na maneira de encarar o mundo. O paciente deve ser capaz, não só de reconhecer a causa e a origem de sua neurose, mas também de enxergar a meta a ser atingida. A parte doente não pode ser simplesmente eliminada, como se fosse um corpo estranho, sem o risco de destruir ao mesmo tempo algo de essencial que deveria continuar vivo. Nossa tarefa não é destruir, mas cercar de cuidados e alimentar o broto que quer crescer até tornar-se finalmente capaz de desempenhar o seu papel dentro da totalidade da alma" (14).

Encarando dessa forma o casamento e todas as vicissitudes dele decorrentes, desde a escolha do cônjuge até sua possível dissolução, todas as vivências conjugais devem ser vistas e compreendidas como uma busca da totalidade da alma, por mais estranhos e destrutivos que sejam esses caminhos.

Para encerrar, queremos deixar claro que este trabalho buscou esclarecer alguns pontos sobre as dificuldades implícitas na conjugalidade, mas, certamente, não pode abranger uma infinidade de outras questões, algumas em processo de formulação e outras sequer percebidas. De qualquer forma, constata-se ser este um vasto campo de investigação psicológica, intrigante e desafiador.

# REFERÊNCIAS BIBLIOGRÁFICAS

(1)  ANTUNES, C. A. A. "O corpo lúdico — sua utilização na psicoterapia infantil de orientação junguiana" — Tese de Mestrado pela Pontifícia Universidade Católica de São Paulo, 1986.

(2)  BENEDITO, V. L. D.Y. "A função simbólica e o efeito integrador dos papéis psicodramáticos" — Trabalho de conclusão do curso de formação da Sociedade de Psicodrama de São Paulo, 1987.

(3)  _____. "Vínculos Familiares" — *Junguiana, Rev. Sociedade Brasileira de Psicologia Analítica*. São Paulo, n? 11, 1993.

(4)  BYINGTON, C. *Desenvolvimento da personalidade — símbolos e arquétipos*. São Paulo, Ática, 1987.

(5)  _____. *Estrutura da personalidade*. São Paulo, Ática, 1988.

(6)  DAVIS, W. e WALLBRIDGE, D. *Limite e espaço — uma introdução à obra de D. W. Winnicott*. Rio de Janeiro, Imago, 1982.

(7)  GUGGENBHÜL-CRAIG, A. *O casamento está morto. Viva o casamento!*. São Paulo, Símbolo, 1980.

(8)  JACOBI, J. *Complexo, arquétipo, símbolo*. São Paulo, Cultrix, 1990.

(9)  JUNG, C. G. *Tipos psicológicos*. Rio de Janeiro, Zahar, 1976.

(10)  _____. *Estudos sobre psicologia analítica, C. W.*, vol. VII. Petrópolis, Vozes, 1981.

(11) JUNG, C. G. *Estudos sobre o simbolismo do Si-mesmo, C. W.*, vol. IX/2. Petrópolis, Vozes, 1982.

(12) _____. *A dinâmica do inconsciente, C. W.*, vol. VIII. Petrópolis, Vozes, 1984.

(13) _____. *Símbolos da transformação, C. W.*, vol. V. Petrópolis, Vozes, 1986.

(14) _____. *A prática da psicoterapia, C. W.*, vol. XVI. Petrópolis, Vozes, 1988.

(15) QUALLS-CORBERTT, N. *A prostituta sagrada — a face eterna do feminino.* São Paulo, Paulinas, 1990.

(16) SAMUELS, A. *Jung e os pós-junguianos.* Rio de Janeiro, Imago, 1985.

(17) STEIN, R. *Incesto e amor humano.* São Paulo, Símbolo, 1974.

(18) VARGAS, N. S. "A importância dos tipos psicológicos na terapia de casais". Dissertação apresentada à Faculdade de Medicina da Universidade de São Paulo, 1981.

(19) _____. "O masculino e feminino na interação homem-mulher". *Junguiana, Rev. da Sociedade Brasileira de Psicologia Analítica*, São Paulo, n? 4, 1986.

(20) _____. "O casamento e a família como caminho de individuação". *Junguiana, Rev. Sociedade Brasileira de Psicologia Analítica*, São Paulo, n? 7, 1989.

(21) VON FRANZ, M-L. *O significado psicológico dos motivos de redenção nos contos de fada.* São Paulo, Cultrix, 1993.

(22) SCHWARTZ-SALANT, N. *Narcisismo e transformação do caráter — a psicologia das desordens do caráter narcisista.* São Paulo, Cultrix, 1982.

(23) WICKES, F. G. *Influence of parental dificulties upon the unconscious in the inner world of childhood.* Boston, Sigo Press, 1978.

www.gruposummus.com.br

IMPRESSO NA
**sumago** gráfica editorial ltda
rua itauna, 789 vila maria
**02111-031** são paulo sp
tel e fax 11 **2955 5636**
**sumago**@sumago.com.br